निबंध-लेखन कौशल

समस्त परीक्षार्थियों के लिए उपयोगी

वीरेंद्र देवांगन

निबंध-लेखन कौशल
(सभी परीक्षाओं के लिए उपयोगी)

लेखक

वीरेंद्र देवांगन
सेवानिवृत्त
उपायुक्त-विकास

अर्पण

यह किताब उस परमेश्वरी को अर्पित है, जिसकी असीम कृपा से यह जानने का अवसर मिला कि ईश्वरीय न्याय की चक्की चलती है धीमी; पर चलती है अवश्य। अच्छे कार्यों में सफलता मिलती है देर से; पर मिलती है अवश्य।
मां तुझे प्रणाम!

निबंध का प्रामाणिक महत्व

संयुक्त मध्यप्रदेश के दरमियान 1996-97 में प्रथम एवं अंतिम बार

एमपीपीएससी के माध्यम से 'अतिरिक्त सहायक विकास आयुक्त' के 250 पदों पर नियुक्ति किया जाना था।

इसमें 150 पद पंचायत एवं ग्रामीण विकास विभाग और 100 पद आदिमजाति कल्याण विभाग के लिए आवंटित किया गया था।

इस विभागीय परीक्षा में 50-50 अंक के दो प्रश्नपत्र थे। एक- प्रश्नपत्र सामान्य ज्ञान का; दूसरा-निबंध का।

सामान्य ज्ञान में गणित-विज्ञान के प्रतिभागी गणित-विज्ञान के प्रश्न अच्छी तरह हल किए थे, तो वाणिज्य-कला के प्रतियोगी इतिहास, भूगोल, राजव्यवस्था, अर्थव्यवस्था के प्रश्न भली-भांति। बाकी में वे उन्नीस-बीस ही रहे थे।

अध्ययन से ज्ञात हुआ कि राजपत्रित अधिकारी की इस महती परीक्षा में उसी प्रतियोगी को इंटरव्यू के लिए आमंत्रित किया गया, जो 50 अंक के निबंध को सही रीति से लिखा था।

आशय यह कि एकमेव निबंध को उचित तरीके से लिख सकने की योग्यता के फलस्वरूप 250 प्रतिभागियों को 'क्लास थ्री कर्मचारी से क्लास टू अधिकारी' बनने का सौभाग्य मिल गया।

यही नहीं, जिनकी नियुक्ति पंचायत एवं ग्रामीण विकास में हुई, वे प्रमोट होकर डिप्टी कमिश्नर और संयुक्त कमिश्नर बन गए।

जिनकी पदस्थापना आदिम जाति कल्याण विभाग में हुई, उनकी पदोन्नति सहायक कमिश्नर, आदिवासी विकास में हो गई।

अभिप्राय यह कि कुशलतापूर्वक लिखे गए एक निबंध ने उनकी तकदीर बदल कर रख दी।

उन्हें जहां सम्मानजनक शासकीय नौकरी मिली, वहीं जो अधिकारी सही-सलामत रिटायर हुए, उन्हें क्लास वन के मुताबिक पेंशन मिलने लगा।

इससे यही प्रमाणित होता है कि उत्तम रीति से लिखे गए निबंध से जहां प्रतियोगी परीक्षा में अनोखी कामयाबी हासिल की जा सकती है, वहीं सेवाकाल में लेटर राइटिंग, नोटशीट ड्राफ्टिंग एवं अन्य लेखन-कौशल

से अपना काम आसान किया जा सकता है।

लेखक

निबंधः एक विद्या

साहित्य, लेखन, संगीत व कला जगत में विद्या वह है, जो किसी
विशिष्ट रीति या शैली का बोध कराता है।

विद्या, लेखन के किसी एक रूप की ओर इंगित करता है।

साहित्यजगत में यह विद्या उपन्यास, व्यंग्य, कहानी, लघुकथा,
बालकथा, निबंध, नाटक, एकांकी, लेख, समीक्षा, आलोचना आदि में
अपनी शैली के रूप में दृष्टिगोचर होती है।

इसीलिए कहा जाता है कि किसी विद्या में लेखन-कार्य आरंभ करने के
पूर्व उसकी सम्यक जानकारी ले लेनी चाहिए, तभी उस विद्या में सही
रीति से रचनाओं का सृजन किया जा सकता है।

निबंध का स्वरूप

'निबंध' शब्द अंग्रेजी के 'ऐसे' का अनुवाद है। शब्द 'ऐसे', फ्रेंच शब्द
ऐसाई' से निर्मित है, जिसका आशय है-टू अटैम्प्ट यानी कोशिश
करना/प्रयोग करना है।

चूंकि 'ऐसे' में 'ऐसिइस्ट' यानी निबंध में निबंधकार अपनी शख्सियत
को ही बयां करता है और स्वभाविक रूप से अपनी बात रखने का
प्रयोग करता है; इसलिए यह माना जाता है कि निबंध भावोद्दीपन का
प्रयोगात्मक माध्यम है।

निबंध का अर्थ

जो बंधा हुआ है, वह निबंध है। इसलिए इसे 'बंधन' भी कहा जाता है।
सरलतम शब्दों में किसी विषय को सरल, सरस, रोचक व आकर्षक रूप
से बांधकर लिखना निबंध कहलाता है।

फ्रांसीसी लेखक मान्तेन आधुनिक निबंधों के जन्मदाता हैं। इन्होंने साल 1580 में आधुनिक निबंध लेखन की शुरूआत की। इन्होंने निबंध का अर्थ लिखा है, ''निबंध विचारों, उद्धरणों एवं कथाओं का सम्मिश्रण है। निबंध अपनी आत्मा को दूसरों तक पहुंचाने का प्रयत्न मात्र हैं। इनमें मेरे निजी विचार और कल्पनाओं के अतिरिक्त कोई नूतन खोज नहीं है।''

तब फ्रांस में नाटक, कहानी, कविता का चलन था, किंतु निबंध का स्वरूप इन विद्याओं से जुदा था।

निबंध में न कथानक, पात्र, चरित्र-चित्रण था, न ही घटनाओं का तारतम्य।

उसमें एकांकी की तरह मंच और सीन भी नहीं था।

कविता की तरह रस, छंद और अलंकार भी नहीं था।

यही कारण है कि प्रारंभ में निबंध को सबसे कठिन और उबाऊ विद्या मान लिया गया था।

लोगों का कहना था कि जो विद्या कोरे विचारों पर आधारित हो; जिसमें पात्र, घटना, मंच, दृश्य, लय या तुक न हो, वह भी भला कोई विद्या हो सकती है?

इसी तथ्य की ओर इंगित करते हुए भारतीय निबंधकार आचार्य रामचंद्र शुक्ल ने कहा है, ''कविता पद्य की कसौटी है, तो निबंध गद्य की।''

वे निबंध को गद्य की एक महत्वपूर्ण विद्या निरूपित किया करते थे। सुप्रसिद्ध निबंधकार लिण्डे भी ऐसा ही कुछ कहते हुए प्रतीत होते हैं- ''निबंध की विषय-वस्तु असीम है। एक महान् विजेता अथवा नेता की मृत्यु से लेकर दीवार पर बना एक चिन्ह तक निबंध का विषय-वस्तु बन सकता है।''

निबंध की शैली

प्राचीनकाल में निबंध की दो शैली थी-मनमौजी शैली और गंभीर शैली। हजारीप्रसाद द्विवेदी और प्रतापनारायण मिश्र मनमौजी शैली के निबंधकार थे, तो आचार्य रामचंद्र शुक्ल, बालकृष्ण भट्ट, डा. नामवर सिंह, राजेंद्र यादव गंभीर शैली के।

लेकिन, इन सबके निबंधों में केंद्रीय पक्ष 'व्यक्तित्व' ही हुआ करता था।

यह वही 'व्यक्तित्व' है, जो किसी का किसी से मेल नहीं खाता। सबका अलग और विलग रहा करता है।

जिस तरह प्रत्येक व्यक्ति का चेहरा और हथेली की रेखा दूसरे से भिन्न हुआ करती है, उसी तरह सभी का व्यक्तित्व एक-दूसरे से जुदा होती है।

आपने अक्सर देखा होगा कि भाई-भाई का चेहरा-मोहरा, विचार, भाव और हथेली की रेखा में मेल नहीं रहता, जबकि वे सहोदर भाई हुआ करते हैं।

सबके विचार, भावना और कल्पना भी अलग-अलग होते हैं, इसलिए सबका निबंध-लेखन भी अलग-अलग हुआ करता है।

निबंध-लेखन विज्ञान या गणित का कोई सूत्र नहीं है, जिस पर एक-सी लेखनी चलाई जाए।

यह एक विद्या है, जो अलग, भाव और विचार लिए होता है, परंतु इसकी शैली का केंद्रीय पक्ष, जिसे 'लेखक का व्यक्तित्व' कहना चाहिए, वह एक-सा हुआ करता है।

इसी से जांचा-परखा जाता है कि विद्यार्थी या लेखक किसी विषय पर क्या सोचता-विचारता है?

प्रस्तुत विषय को कैसा अभिव्यक्त करता है?

किन तौर-तरीकों से अपनी बात को रखता है?

निबंधकार की भाषाशैली

निबंध-लेखन के लिए निबंधकार की भाषाशैली साफ-सुथरी और त्रुटिरहित होनी चाहिए।

साफ-सुथरी और त्रुटिरहित भाषाशैली से आशय व्याकरण-सम्मत भाषा से है।

निबंधकार की भाषा का वाक्य-विन्यास, शब्द-चयन और भावाभिव्यक्ति विषयानुकूल होनी चाहिए।

इसके विपरीत, नये लेखकों, पत्रकारों, विद्यार्थियों और प्रतियोगियों की भाषा में अनेक त्रुटियां दिख पड़ती हैं।

उनकी वर्तनी सही नहीं रहती। शब्द और वाक्य अशुद्ध रहते हैं। भाव व विचार सही नहीं बैठते हैं। इससे पाठक और परीक्षक पर प्रतिकूल प्रभाव पड़ता है।

इसका प्रधान कारण है भाषा के प्रति लापरवाही व सब चलता है का भाव।

यही चलताऊ प्रवृति अपनी भाषा को सुधारने नहीं देती।

इसी बेपरवाही को हमें परवाही में बदलने की जरूरत है, तभी भाषा में सुधार संभव है।

अतः, अच्छा निबंध लिखने के लिए अपनी भाषा को किसी अच्छे व्याकरण की किताब से परिष्कृत कर लेना ही श्रेयस्कर है। यह परिष्करण अत्यावश्यक है।

चार-छह माह के सतत् अध्ययन और अभ्यास से हम शुद्ध भाषा लिखने लग जाएंगे; इसकी गारंटी है; किंतु यहां ठानने की जरूरत होती है।

भाषा के परिष्करण से जहां फायदा-ही-फायदा होता है; वहीं इससे कोई हानि नहीं होती है।

इसका सबसे बड़ा लाभ यही है कि भाषा की शुद्धता आपके अन्य विषय के लेखन में भी झलकेगी, जिससे परीक्षक प्रभावित हुए बिना नहीं रहेगा।

आगे चलकर यह नौकरी में, व्यवसाय में, उद्योग-धंधे में काम

आएगा।

लेखन और पत्रकारिता के लिए तो यह वरदान बन जाएगा।

पहले भाषा शुद्ध होगी, फिर शैली का निर्माण होगा।

शुद्ध भाषा के बिना शैली का निर्माण असंभव है।

छोटे व सरल वाक्यों की शैली सबको भाती है। मन को सुकून देती है। समझने में आसान होती है।

अतः, आप भी छोटे शब्दों और वाक्यों की शैली के निर्माता बनिए।

यह जरूरी नहीं कि आप संस्कृत के बड़े और कठिन शब्दों का प्रयोग करें।

आजकल, समाचारपत्रों में जिन सरल शब्दों का प्रयोग किया जाता है, उनका प्रयोग कीजिए।

जहां आवश्यक हो, वहां मिश्र या संयुक्त वाक्यों का प्रयोग करें।

मिश्र व संयुक्त वाक्य, एक तो स्वयं में लंबे होते हैं, दूसरे इससे भावों को प्रकट करने में विशेष सहायता नहीं मिलती।

लंबे वाक्य भावों व विचारों को उलझाकर रख देते हैं।

आसान, छोटे व तद्भव शब्दयुक्त व वाक्यों की भाषा को प्रसादशैली कहा जाता है; वहीं संधि, समास तथा तत्सम शब्दों से युक्त भाषा को समासशैली।

पहली शैली सहज, सुबोध व सुगम होती है, तो दूसरी जटिल, वाग्जालयुक्त व उलझनकारी।

इसलिए, हर संभव प्रयास करना चाहिए कि हम शैली-सुधार योजना में प्रसादशैली को तवज्जो दें।

वैसे, इस संबंध में हर कोई स्वतंत्र है।

यह व्यक्ति के व्यक्तित्व पर निर्भर है कि वह भाव-प्रेषण के लिए किस शैली को उपयोगी पाता है?

इसी से निबंधकार के व्यक्तित्व की परख होती है।

प्रबंध और निबंध में अंतर

प्रबंध आकार में निबंध से दस-बीस गुना बड़ा होता है।

प्रबंध में विद्वता का प्रकटन रहता है, तो निबंध में अनुभूतियों व विचारों की प्रधानता।

किसी विषय पर प्रबंध भी लिखा जा सकता है और निबंध भी।

जैसे-कश्मीर समस्या, जनसंख्या विस्फोट, गरीबी, बेरोजगारी, भ्रष्टाचार, आतंकवाद, नक्सलवाद, पर्यावरण प्रदूषण आदि विषय ऐसे हैं, जिन पर प्रबंध व निबंध दोनों लिखा जा सकता है।

प्रबंध में विषयों की प्रधानता रहती है, तो निबंध में व्यक्तित्व की प्रबलता।

प्रबंधकार की भाषाशैली प्रौढ़ और नपी-तुली होती है, जबकि निबंधकार की भाषाशैली मनोरंजक और रमणीक।

प्रबंध में किसी विषय का सांगोपांग वर्णन मिलता है, तो निबंध में उसी विषय के किसी बिंदु का भावनात्मक वर्णन।

सरल शब्दों में प्रबंध 10 हजार शब्दों से अधिक लिखा जाता है, तो निबंध 750-2000 शब्दों के आसपास।

निबंध और लेख में अंतर

अंग्रेजी में 'लेख' को 'आर्टिकल' कहा जाता है।

समाचारपत्र और पत्रिकाओं में जो रचना दिखती है, वह लेख कहलाती है।

संपादकीय को भी लेख की श्रेणी में रखा जाता है।

किसी समाचारपत्र-पत्रिका के संपादकीय को पढ़कर जाना जा सकता है कि उसकी नीति-रीति किसी विषय पर क्या है?

इसलिए, संपादकीय 'अग्रलेख' कहलाती है।

समाचारपत्रों के संपादकीय पृष्ट पर जो रचनाएं छपती हैं, वे लेख कहलाते हैं।

लेख में विषय के लेखन की स्वतंत्रता रहती है। उसमें उपशीर्षक कम ही

मिलते हैं।

निबंध और लेख में खास अंतर यह किया जाता है कि लेख को बगैर सहशीर्षक या उपशीर्षक के लिखा जा सकता है, लेकिन निबंध में उपशीर्षक देना अनिवार्य हुआ करता है।

वैसे, आजकल स्तरीय पत्रिकाओं में प्रकाशित लेखों में सहशीर्षक व उपशीर्षक दिया जाने लगा है।

जैसे-सरिता, मुक्ता, गृहशोभा, सरससलिल, मेरी सहेली, इंडिया टुडे आदि में इसका चलन बढ़ा है।

लेखों में उपशीर्षक देना मुद्दों को आसानी से समझने और एकरूपता से बचने के लिए जरूरी समझा जाता है।

यह तरीका लेखनशैली के उत्तरोत्तर विकास का नतीजा है।

कतिपय विद्वान लेखक निबंध को बगैर उपशीर्षक के लिखने की सलाह देते हैं।

उन्हें निबंध में शीर्षक देना 'बचकाना' प्रतीत होता है।

लेकिन, जरा विचारें कि यदि निबंध बिना शीर्षक के लिखा जाएगा, तो एक तो, उसके छोटे-छोटे मुद्दों को समझने में कठिनाई होगी, दूसरा निबंध और लेख में अंतर करना मुश्किल हो जाएगा।

जबकि दोनों अलग विद्याएं हैं।

उपशीर्षक, निबंध व लेख के बीच पार्थक्य की रेखा है, जिसको कायम रखने की जिम्मेदारी अच्छे निबंधकार की होनी चाहिए।

इससे परीक्षक को भी मुद्दों को समझने में सरलता होती है।

यह कहना अत्युक्ति ही होगा कि जो निबंध उपशीर्षकों की बदौलत परीक्षक को भली-भांति समझ में आएगा, वह उसको अच्छे नंबर देने में क्योंकर कंजूसी करेगा?

लेख समसामयिक विषयों पर ज्यादा लिखे जाते हैं, तो निबंध सार्वकालिक विषयों पर।

जैसे गांधी जयंती पर लेख लिखा जाता है, तो उसका प्रकाशन गांधी जयंती के दिन ही होता है।

खेल दिवस पर लेख लिखा जाता है, तो उसका प्रकाशन खेल दिवस के दिन या उसके दो-चार दिन पूर्व होता है।

इसी तरह राष्ट्रीय पर्वों व त्योहारों पर लेख उसी दिन या उसके पहले छपा करते हैं।

इसका आशय यह नहीं कि इन मुद्दों पर निबंध नहीं लिखा जा सकता।

इन सार्वभौमिक विषयों पर निबंध भी लिखा जा सकता है, जो ज्यादातर प्रतियोगिता पत्रिकाओं में प्रकाशित होते रहते हैं; लेकिन इन विषयों में भी तिथि की महत्ता सर्वोपरि हुआ करती है।

वस्तुतः, निबंध विचारों का आकर्षक प्रस्तुतीकरण ही तो है, जो प्रस्तोता के व्यक्तित्व की झलक पेश करता है।

निबंध-लेखन का उद्देश्य

विद्यार्थी-जीवन से निबंध लिखवाने का उद्देश्य यह कि विद्यार्थी बाल्यकाल से ही कागज-कलम में लिखने का अभ्यास करें।

प्रारंभ में प्रायमरी स्कूल में सरल निबंध लिखने को दिए जाते हैं।

फिर माध्यमिक, हायरसेकंडरी स्कूल और कालेज आते-आते क्रमश विषय जटिल और सूक्ष्म होते चले जाते हैं।

विद्यार्थियों के द्वारा निबंध-लेखन से निम्नांकित उद्देश्यों की पूर्ति होती है।

1. विचारों को क्रम में सजाने का भाव जागृत होता है।
2. विषयों को समझने का ज्ञान प्राप्त होता है।
3. संदर्भ व प्रसंग के अनुसार विचार प्रकट करने की उत्कंठा जागती है।
4. रुचि, शौक व भाव-विचार का ज्ञान प्राप्त होता है।
5. लेखन-शक्ति का विकास किया जाता है।
6. विद्यार्थियों की लेखन-शक्ति की परख होती है।
7. पत्रकारों, साहित्यकारों व निबंधकारों की निबंधात्मक अभिव्यक्ति से उनका लेखन-कौशल जाना जाता है।

निबंध के भेद

निबंध का क्षेत्र अत्यंत व्यापक है।

इसकी व्यापकता के दृष्टिगत निबंध के चार भेद निबंधकारों के द्वारा किए गए हैं।

1. वर्णनात्मक निबंध
2. विचारात्मक निबंध
3. व्याख्यात्मक निबंध
4. कल्पनात्मक निबंध

मूर्धन्य साहित्यकार बाबू गुलाबराय का कथन है कि ''वर्णनात्मक निबंध का संबंध देश से, विवरणात्मक का काल से, विचारात्मक का तर्क से और भावात्मक का हृदय से है।''

जहां तक लोकसेवा आयोग की परीक्षाओं में निबंध लिखे जाने की बात है, उसमें ज्यादातर निबंध वर्णनात्मक या विचारात्मक होते हैं।

जैसे-छत्तीसगढ़ लोकसेवा आयोग की मुख्य परीक्षा-2018 में पूछा गया निबंध-'भारतीय अंतरिक्ष कार्यक्रम की उपलब्धियां।'-यह वर्णनात्मक निबंध का उदाहरण है।

इसको अंतरिक्ष कार्यक्रम की जानकारी के साथ सांगोपांग वर्णन करते हुए लिखा जा सकता है।

यह निबंध भारत में अंतरिक्ष कार्यक्रम से आरंभ होगा।

फिर इसमें प्रक्षेपण केंद्रो की संक्षिप्त जानकारी दी जाएगी।

तदंतर प्रक्षेपित उपग्रहों का विवरण दिया जाएगा।

तत्पश्चात अंतरिक्ष में प्रथम भारतीय अंतरिक्षयात्री सहित चंद्रयान-1, मंगलयान और चंद्रयान-2 को संक्षेप में वर्णित करना होगा।

अंत में, उपसंहार में भविष्य की आशाओं व अभिलाषाओं के साथ निबंध को समाप्त किया जाएगा।

कभी-कभार अमूर्त निबंध लिखने के लिए दिया जाता है।

जैसे-सीजीपीएससी 2012 में एक निबंध दिया गया था।

'सूचना ज्ञान का सिर्फ कच्चा माल है।'

इसमें कल्पना की उड़ान होगी, लेकिन यह उड़ान उच्छृंखल नहीं होनी चाहिए।

लीक पर चलकर इसपर भी आकर्षक निबंध लिखा जा सकता है।

ऐसे निबंधों में निबंध के मूल भाव को समझना जरूरी हुआ करता है।

उक्त निबंध में 'सिर्फ' पर जोर दिया गया है, जो दर्शाता है कि ये जो सूचना है, वह ज्ञान का 'फखत' कच्चा माल है।

इसका पक्का माल कुछ और है; और वही महत्वपूर्ण है।

निबंध लेखन के दौरान इन संकेतात्मक शब्दों का ख्याल रखना नितांत आवश्यक है।

इसी तरह का एक अन्य निबंध सीजीपीएससी 2013 में दिया गया था।

'भारतीय राजनीति में नैतिकता का क्षरण।'

इसमें भारत की राजनीति, नैतिकता और उसकी गिरावट पर वही प्रत्याशी बेहतर निबंध लिख सकता है, जो भारत की राजनीति को समझता है और उसके उच्चादर्श और गिरते हुए स्तर का सटीक अंतर दर्शाता हुआ भाव-प्रेषण कर सकता है।

वर्णनात्मक निबंध

चूंकि वर्णनात्मक निबंध लिखने में आसान होते हैं, इसलिए निबंध-लेखन की शुरूआत स्कूलों में वर्णनात्मक निबंध से कराई जाती है।

जैसे-विद्यालय में पहला दिन। मेरी पाठशाला, कक्षा में पहला दिन। बाजार या गाय। मेरी पहली बस यात्रा।

इसी तरह गरमी की छुट्टी। भारत के किसान। होली, दीवाली, मोहर्रम, ईद, स्वतंत्रता दिवस, गणतंत्र दिवस, रक्षाबंधन। पिता के नाम पुत्र का पत्र आदि।

जाहिर है, ऐसे निबंधों का शिल्प सरल होता है और लेखन भी।

उदाहरण के लिए, स्वतंत्रता दिवस का सरल आरंभ इस प्रकार किया जा सकता है।

"हमारा देश 15 अगस्त 1947 को स्वतंत्र हुआ। इसके पहले हम

अंग्रेजों के गुलाम थे। यह गुलामी से आजादी का दिन था, इसलिए देश इस दिन को स्वतंत्रता दिवस के रूप में हर साल मनाता है। इस दिन सभी बच्चे यूनिफार्म पहनकर स्कूल जाते हैं। बच्चे अपने घरों से फूल लाते हैं। प्रभातभेरी निकाली जाती है। झंडावंदन प्रधानपाठक के द्वारा किया जाता है। राष्ट्रीय गान गाया जाता है। मिठाई बांटी जाती है। सांस्कृतिक कार्यक्रम में बच्चे भाग लेते हैं, इत्यादिक।''

विचारात्मक निबंध

कालेज आते-आते बच्चों का मन-मस्तिष्क परिपक्व होने लगता है। वे विषयों को गुण-दोषों के आधार पर परखना और अपना मंतव्य देना आरंभ कर देते हैं।

तभी तो उन्हें 18 साल में मत देने का अधिकार दिया जाता है। मताधिकार का आशय यह भी कि वे संवैधानिक, प्रशासनिक व राजनीतिक व्यवस्था को समझ रहे हैं।

इस समय तक उनकी बुद्धि इतनी परिपक्व हो चुकी होती है कि वे अच्छे-बुरे की परख कर सकते हैं।

कालेज और प्रतियोगी परीक्षाओं में जो निबंध लिए जाते हैं, उनके विषय प्रायः विचारप्रधान होते हैं।

जैसे-सिविल सेवा मुख्य परीक्षा में साल 2015 का एक निबंध देखिए- ''भारत के सम्मुख संकट-नैतिक या आर्थिक''

यह विचारप्रधान निबंध का उत्कृष्ट उदाहरण है।

इस निबंध पर लेखनी वही प्रतियोगी भली-भांति चला सकता है, जो यह जानता है कि भारत का असल संकट क्या है?

विकासशील देश होने के नाते दिखने में तो देश की असल परेशानी आर्थिक दिखती है, लेकिन नैतिकता के बिना क्या आर्थिक संकटों से मुक्ति पाई जा सकती है?

यह निबंध का मुख्य ध्येय है।

प्रस्तुत प्रश्न बेहद गंभीर है। इस पर वही परीक्षार्थी सधा हुआ कलम

चला सकता है, जो इन कठिनाइयों से दो-चार होता रहता है।

समाचारपत्र या पत्रिका पढ़ता रहता है, टीवी में समाचार देखकर उसके पक्ष-विपक्ष पर सम्यक रूप से सोच-विचार करता रहता है।

बड़े-बूढ़ों से इन मुद्दों पर खुलकर बात कर लेता है।

इसी तरह सीजीपीएससी की मुख्य परीक्षा-2014 का एक निबंध है-

''कपिपय मशहूर हस्तियों का अपराध एवं भारतीय कानून व्यवस्था: समस्या एवं निवारण''

ऐसे निबंधों का लेखन उनके लिए आसान हो सकता है, जो समाज के मशहूर हो चुके हस्तियों के आपराधिक गतिविधियों की न केवल जानकारी रखते हैं, अपितु उन सफेदपोश या छद्मवेशी अपराधियों के अपराध को समाज के लिए घातक मानते हैं।

साथ ही, थोड़ी-बहुत जानकारी भारतीय कानून व्यवस्था की भी रखते हैं।

व्याख्यात्मक निबंध

जिस निबंध में व्यक्ति, समाज, देशकाल व स्थिति के अनुसार गुण-दोष समाहित रहता है और जिसको गुण-दोषों के अनुरूप व्याख्यायित किया जाता है, उसे व्याख्यात्मक निबंध कहा जाता है।

इसमें सत्यकथा, घटनाकथा, ऐतिहासिककथा, पौराणिककथा, धार्मिककथा और गाथा का समावेशन पाया जाता है।

इसके अलावा, नारी की दशा व दिशा, उन्मादी भीड़ की हिंसा, कोरोनावायरस, आरक्षणः उचित या अनुचित, शराबबंदी, किसान, महंगाई आदि भी व्याख्यात्मक निबंध के प्रकार हो सकते हैं।

व्याख्यात्मक निबंध वस्तुतः सत्य-वृतों से अध्येता को साक्षात्कार करवाते हैं, इसलिए इसमें विचार-चिंतन की जगह व्याख्या की प्रधानता होती है।

व्याख्यात्मक निबंधों को लिखने के पूर्व विचार करने की जरूरत होती है कि इसे कहां से आरंभ किया जाए और कहां अंत दर्शाया जाए? इसका मध्य भाग कैसा हो?

इसमें यह भी देखना होता है कि यह व्याख्या समस्या को गहरे तक उजागर करेगा या नहीं और उपसंहार के रूप में युक्तिसंगत समाधान प्रस्तुत करेगा भी या नहीं?

कल्पनात्मक निबंध

जैसा कि नाम से विदित हो रहा है, जिस निबंध में कल्पना की उड़ान रहती है, उसे कल्पनात्मक निबंध कहते हैं।

इसे भावात्मक या अमूर्त निबंध भी कहा जाता है।

चूंकि हायर सेकंडरी के बच्चे इस उम्र में कल्पनाशील हो जाते हैं, इसलिए ऐसे निबंध हायर स्कूलों में लिखने के लिए खूब दिए जाते हैं।

इस उम्र में बच्चों के दिल-दिमाग में अपना भूत और भविष्य दिखने लगता है।

इसीलिए, ऐसे निबंध हायर सेकंडरी स्तर के बच्चों के लिए उपयुक्त माने जाते हैं।

मिसाल के तौर पर, यदि मैं प्राचार्य होता; यदि मैं कलेक्टर होता; यदि मैं विधायक या सांसद होता; यदि मैं मंत्री होता;

इसी तरह यदि मैं वैज्ञानिक होता; यदि मैं एक्टर होता; यदि मैं खिलाड़ी होता; अगर हम गुलाम नहीं रहते इत्यादिक। इसी श्रेणी के निबंध कहलाते हैं।

आशय यह कि हायर सेकंडरी के बच्चे अपने-आप को इनकी जगह पर रखते हैं।

फिर विचार कर देखते हैं कि वे इन पदों पर होते, तो क्या कर लेते?

दरअसल, इस उम्र में बच्चों में कल्पना व भावना मूर्त रूप लेने लगती है।

कइयों की तो ले चुकी होती है।

इन विषयों से उनके व्यक्तित्व की परख की जाती है कि वह विषयों पर नकारात्मक सोच रखता है या सकारात्मक, या कि समाधानकारक।

यह उसके द्वारा लिखे गए निबंधों को पढ़कर आसानी से परखा जा

सकता है।

यूपीएससी मुख्य परीक्षा 2014 में एक निबंध पूछा गया है-
''शब्द दोधारी तलवार से ज्यादा तीक्ष्ण होते हैं।''
यह अमूर्त निबंध का श्रेष्ठ उदाहरण है।
चूंकि यह विषय इंद्रियों से अनुभव नहीं किया जा सकता, केवल
मस्तिष्क से समझा या विचारा जा सकता है, इसलिए इसे अमूर्त
निबंध की श्रेणी में रखा जाता है।
यह अमूर्त इसलिए भी है कि इसके विश्लेषण में उच्चस्तर की
तर्कशक्ति और कल्पनाशक्ति का सहारा लेना पड़ता है।
अमूर्त निबंध वही व्यक्ति कुशलता से लिख सकता है, जिसने उस
विषय को महसूसा है।
अनुभव किया है। उसको गहरे तक भोगा है।
यदि वह महज कल्पनाशील व भावनाशील है, तो पर भी, ऐसा निबंध
बखूबी लिख सकता है।
यूपीएससी व पीएससी में मूर्त या अमूर्त दोनों तरह के निबंध लिखने के
लिए दिए जाते हैं, ताकि परीक्षार्थियों की लेखन और वैचारिक क्षमता
का आकलन किया जा सके।

निबंध का शिल्प
कहानी-कला की भांति निबंध में भी तीन बातें महत्वपूर्ण होती हैं:-
आदि, मध्य और अंत।
कहानी-कला में पाठक को बांधे रखने और आकर्षित करने के लिए
जिस तरह उसकी शुरूआत किसी दृश्य या घटना से की जाती है, मध्य
को सजाया और संवारा जाता है और अंत को रोचकता और नाटकीयता
के साथ समाप्त कर दिया जाता है, उसी तरह उत्तम निबंधकार निबंध
के शिल्प को ध्यान में रखकर निबंध की रचना करता है।
ऐसा ही शिल्प-विधान लेख-रचना, एकांकी, नाटक, फिल्म, टीवी
सीरियल और अन्य विद्याओं में भी रहा करता है।

इसलिए, उत्तम निबंध वही माना जाता है, जो शिल्प-विधान के निकटस्थ रहकर निबंध लिखने की चेष्टा की जाती है।

इसके तीन भाग हैंः-

1. **निबंध का आरंभः**इसे भूमिका या मुखड़ा भी कहा जाता है।

उच्चकोटि के निबंधकारों का अभिमत है कि निबंध का आरंभ विषय से संबंधित किसी मजेदार चुटकुला, कथन, कोई उक्ति, कोई सूक्ति, कोई लोमहर्षक घटना, कोई दुर्धटना, कोई कहावत या मुहावरा या कविता का अंश या कोई वाक्यांश, परिभाषा या अभिलाषा से होना चाहिए, जो परीक्षक और पाठक के मन में उस निबंध को पढ़ने की तीव्र इच्छा जगाए।

जिसने यह कर लिया, वह समझो आधी बाजी जीत लिया।

ऐसा सधा हुआ आरंभ, भूमिका, इंट्रो अथवा मुखड़े का कमाल आपने स्तरीय समाचारपत्रों में जरूर देखा होगा, जो पाठक को उस विषय की ओर खिंचता है और पढ़ने के लिए विवश करता है।

जैसे व्यक्ति का मुखड़ा देखकर उसके व्यक्तित्व की पहचान की जाती है, उसी तरह निबंध का आरंभ देखकर पाठक या परीक्षक उसके आकर्षक या अनाकर्षक होने का अनुमान लगा लेता है।

शब्द-चातुर्य से आप भी यह रीति अपना सकते हैं।

अर्थात, भूमिका या मुखड़ा को अपने शब्दों से ऐसा सजाइए, जो अध्येता के मन को मोह ले।

पाठक व परीक्षक को पढ़ने के लिए उकसाए।

इसलिए, दावे के साथ कहा जाता है कि आकर्षक आरंभ वाला निबंध अच्छे अंक प्राप्त करने की गारंटी देता है।

इसके विपरीत, भूमिका रोचक या कौतूहलवर्धक नहीं रखा जाएगा, तो अध्येता निबंध पढ़ने की जहमत क्यों उठाएगा?

2. **मध्य या मुख्य भागः** इसे बाडी भी कहा जाता है।

मानव शरीर के मध्य में रहने से जैसे पेट, पीठ, जिगर, किडनी, फेफड़ा, आंत की महत्ता, उनकी सेहतमंदी व सुडोलपन में दिखता है; वैसे ही

निबंध का मध्य भाग भी सुडोल, सटीक व उम्दा लिखा हुआ होना चाहिए।

मुख्य भाग को परीक्षा में दिए हुए शब्दों के आसपास विभिन्न सहशीर्षक या उपशीर्षक देकर विचार बिंदु के रूप में सिलसिलेवार सजाना चाहिए।

मध्य भाग में विचार बिंदु के रूप में किसी समस्या का कारण और परिणाम; किसी का उत्थान और पतन; किसी का स्वरूप और उसका निदान दिया जा सकता है।

यह दिए गए विषय, समस्या या कठिनाई पर निर्भर है।

आशय यह कि मध्य भाग को नजरअंदाज कतई नहीं करना चाहिए।

इसे जहां तक हो सके, उपलब्ध समय के अनुसार अच्छी तरह लिखा जाना चाहिए।

3. **उपसंहार या समापनः** यह निष्कर्ष भी कहलाता है।

जैसा कि नाम से विदित है, इसमें निबंध के महत्वपूर्ण बातों का सारांश समालोचनात्मक शैली में लिखना चाहिए।

अंत में, समाधान के रूप में अपना सकारात्मक या नकारात्मक पक्ष रखते हुए निबंध को नाटकीय अंदाज में समाप्त कर देना चाहिए।

यह परिशीलन भी कहलाता है, जिसे पढ़कर अध्येता लेखक की मानसिकता का विश्लेषण करता है।

इसमें भावप्रधान निबंधों में प्रसंगानुसार हास्य-व्यंग्य या गांभीर्य विषय निरूपण भी किया जा सकता है।

निबंध-लेखन की सावधानी

परीक्षाकक्ष में निबंध लिखने के पहले और तत्पश्चात् जरा रुककर थोड़ी-सी सावधानी बरती जाए एवं सम्यक रूप से सोच-विचार किया जाए, तो निबंध को अच्छी रीति से लिखा जा सकता है।

इसे निम्नांकित भागों में बांटना चाहिए।

1. **लिखने के पूर्व सोच-विचार करने की जरूरतः** परीक्षाकक्ष में निबंध-

लेखन के पूर्व निबंध के विषय पर चिंतन-मनन करने के लिए थोड़ा रुकना चाहिए।

इसके आदि, मध्य और अंत की कल्पना कर लेनी चाहिए।

निबंध को सोच-विचार कर इस तरह दिल-दिमाग में बिठाना चाहिए कि निबंध में इस्तेमाल किए जानेवाले तथ्य, शब्द, वाक्य और भाव आखों के सम्मुख तैरने लगे।

वे किसी ख्वाब की भांति आपको परेशान करने लगें।

यकीन मानिए। इसके बाद आप जो कुछ लिखेंगे, वह आपके ज्ञान के अनुरूप सर्वश्रेष्ठ ही होगा।

इसका दूसरा फायदा यह होगा कि उपलब्ध समय के दृष्टिगत इसमें जो सुधार किया जाएगा, वह अत्यल्प होगा और आपका निबंध पूरा हो जाएगा।

इसके उलट आप बिना सोचे-विचारे इधर-उधर की बातें लिखना चालू कर दिए, तो जहां आपका समय बरबाद होगा, वहीं जब आप इसको सुधारने लगेंगे, तब इसमें इतना कटिंग हो जाएगा कि आपको वही निबंध भद्दा और कचरा लगने लगेगा।

सोचनेवाली बात यह कि जो निबंध आपको कचरा लगेगा, नापसंद होगा, उटपटांग लगेगा, वह परीक्षक को क्योंकर पसंद आएगा?

इसीलिए, कहा जाता है कि सोच-विचारकर ही सही दिशा में कलम चलाना आरंभ करना चाहिए।

गलतियों से परहेज करना चाहिए। इससे आपका निबंध स्वतः ही बेहतर बनता चला जाएगा।

2. संक्षिप्तता:संक्षिप्तता एक ऐसा गुण है, जो लेखन की प्रत्येक विद्या में उपयोगी माना जाता है।

संक्षिप्तता से आशय वाक्य, पैराग्राफ, सहशीर्षक, उपशीर्षक, कथन और वक्तव्य सब संक्षिप्त होना चाहिए।

इसके हरेक अंश एक-दूसरे से गुंथे और बंधे हुए होने चाहिए।

वाक्य सुगठित होना चाहिए। तभी निबंध पढ़ने में आनंददायी और

प्रभावी होता है।

इसी से सारगर्भिता का गुण आता है, जो 'निबंध की आत्मा' कहलाता है।

3. **निर्धारित शब्द-सीमा का ध्यानः**निबंध लिखते समय भावातिरेक में बहने के बजाय यह देखना और अनुमान लगाना जरूरी है कि वह निर्धारित शब्द-सीमा से ज्यादा बड़ा या एकदम छोटा न हो।

वैसे, निर्धारित शब्द से 25-50 शब्द कम-ज्यादा लिखने से परीक्षक के ऊपर कोई विपरीत प्रभाव नहीं पड़ता।

तथापि निर्धारित शब्द-सीमा से न्यून या अति होना, माइनस मार्किंग की संभावना को बढ़ाता है।

इसके लिए प्रत्येक शब्द को गिनने के बजाए एक लाइन के शब्दों को गिनकर पूरे लाइन को गिन लेना चाहिए कि वह कितना है।

फिर लाईनों की शब्द संख्या से कुल लाईनों की संख्या को गुणा करना चाहिए।

जो उत्तर आएगा, आपके निबंध का अनुमानित सकल शब्द होगा।

4. **एकबद्धता जरूरीः**निबंध की एक विशेषता यह भी है कि वह एकबद्ध होना चाहिए।

निबंध को पढ़ने से एकबारगी आभास होना चाहिए कि इसे एकसूत्र में पिरोया गया है।

एक धागे में पिरोकर मनभावन फूलों की माला बनाया गया है।

जिस तरह चित्रकार, कलात्मक चित्र बनाता है; एक शिल्पकार, मूर्तिशिल्प से सुंदरढीले मूर्ति का निर्माण करता है; वास्तुकार, वास्तुशिल्प से मनभावन भवन का निर्माण करता है; ठीक उसी तरह एक निबंधकार बेहतर शिल्पी की मानिंद बेहतरीन निबंध की रचना करता है।

5. **रिवीजन या संशोधनः**निबंध लिख लेने के बाद निबंध को एक बार पूरी तरह जरूर पढ़ना चाहिए।

इसका फायदा यह कि हम जो कहना चाह रहे हैं, उसमें वे सारी बातें आ

गई हैं या नहीं; समझ में आ जाएगा।

वैसे, 1000 शब्दों के निबंध को सरसरी निगाह से पढ़ने में बमुश्किल 5-10 मिनट लगता है।

यदि कोई जरूरी तथ्य छूट गया है, तो तीर का निशान लगाकर ऊपर की ओर संक्षेप में लिख देना चाहिए।

कोई गैरजरूरी तथ्यांश आ गया हो, तो उसको एक रेखा से काट देना चाहिए।

स्मरण रहे कि अनावश्यक तथ्यों को एक लाइन से काटने के बजाय उसको आड़ा-तिरछा काटकर भद्दा करना परीक्षक के मन में प्रतिकूल प्रभाव डालता है।

6. **महत्वपूर्ण का रेखांकन**ःजहां आपको लगता है कि आपने कोई अहम बातें लिखी हैं, जो परीक्षक की नजर में आना आवश्यक है, वहां आप उसको रेखांकित कर परीक्षक का ध्यान खींच सकते हैं।

लेकिन, स्मरण रहे कि रेखांकित वाक्यांश सकल निबंध में 5-6 से ज्यादा नहीं होना चाहिए।

वरना, यह अटपटा लगेगा और निबंध की गरिमा को कम कर देगा।

निबंध-लेखन की प्रक्रिया

निबंध के उपर्युक्त शिल्प पर गौर करें, तो पाएंगे कि निबंध-लिखने का कार्य उतना चनौतीपूर्ण नहीं है, जितना कि उसे समझ लिया जाता है और अज्ञानवश कह दिया जाता है कि निबंध लिखना क्यों अनिवार्य किया गया है?

क्यों स्कूलों, कालेजों और प्रतियोगी परीक्षाओं में निबंध-लेखन जरूरी माना गया है?

यह परीक्षार्थियों के साथ अति और ज्यादती नहीं तो और क्या है?

क्या हमारे मन-मस्तिष्क में विश्व, राष्ट्र या प्रदेश के किसी विषय, मुद्दा, मसला एवं मामला को लेकर विचार नहीं कौंधते? हम उद्वेलित नहीं होते?

क्या कोई अंतरराष्ट्रीय, राष्ट्रीय, प्रादेशिक, सामाजिक या पारिवारिक मुद्दा हमारे दिल-दिमाग में उथल-पुथल नहीं मचाता? सोचने-विचारने पर मजबूर नहीं करता?

कई बार हम विभिन्न मुद्दों को लेकर घरद्वार में बड़े-बुजुर्गों से, मित्रयारों से, नातेदारों से, अड़ोस-पड़ोस के लोगों से बातचीत करते रहते हैं और बिनमांगी राय देते रहते हैं।

बस, यही वे तथ्य हैं, जिन्हें जरा-से अभ्यास से निबंध के शिल्प में सजाकर प्रस्तुत किया जा सकता है।

जरूरत है प्रण करने की कि हम रोजाना किसी ज्वलंत विषय को लेकर एकाध निबंध जरूर लिखेंगे।

एकाध से आशय यह कि आपके पास समय हो, तो आप प्रतिदिन दो-तीन निबंध भी लिख सकते हैं।

पर, समयाभाव है, तो किसी निबंध को आरंभ कर सकते हैं। आरंभ लिखा है, तो मध्य को संवार सकते हैं।

आरंभ व मध्य लिख चुके हैं, तो उचित अंत लिख सकते हैं।

गरज यह कि अच्छा निबंध लिखने के लिए रोज-ब-रोज कुछ-न-कुछ लिखकर निबंध-लेखन का सतत् अभ्यास करते रहना चाहिए।

यह उसी तरह है, जिस तरह हम तैरना सीखना चाहते हैं।

तैरने की चाह रखनेवालों को रोजाना पानी में उतरना और पानी में हाथ-पैर मारना निहायत जरूरी हुआ करता है।

फिर चाहे पानी पीएं या अकबकाएं; सांस रूके या दम घुटे, ठंड लगे या गरमी।

अतः, तैरना सीखने के लिए पानी में उतरना पहली व अनिवार्य शर्त है। फिर तैरने के सही अभ्यास से आप धीरे-धीरे तैरना सीख जाते हैं। तैर-तैरकर तैराक बन जाएंगे।

लेकिन, तैरना सीखने के लिए बारबार पानी में उतरकर हाथ-पैर मारने का जहमत तो उठाना ही पड़ेगा।

तैरना सीखने के लिए फिर भी डूबने या पानी पीने या घायल होने की

आशंका बनी रहती है, किंतु निबंध लिखने का अभ्यास करने में ऐसा कोई जोखिम नहीं रहा करता।

यही नियम मोटर ड्रायविंग सीखनेवालों के ऊपर भी लागू होता है।

मोटरगाड़ी चलाना सीखने के लिए स्टेयरिंग पकड़ना ही पड़ेगा।

क्लच व ब्रेक लगाना ही पड़ेगा, गेयर बदलना ही होगा, एक्सीलेटर देना ही पड़ेगा।

वह भी पहले खुले मैदान में, फिर क्रमशः सड़कों व भीड़भाड़ वाले स्थलों पर।

इसमें भी एक्सीडेंट का रिस्क बना रहता है, सो अलग।

पर, निबंध-लेखन में ऐसा कोई जोखिम नहीं रहता।

लेकिन, अच्छा निबंध लिखने के लिए निबंध-लेखन का प्रतिदिन अभ्यास तो करना ही पड़ता है।

तभी कुछ दिनों-महीनों के अभ्यास से आप अच्छा निबंध लिखना सीख सकते हैं।

इसीलिए, अच्छा निबंध लिखने के पूर्व इसके प्रक्रियात्मक तथ्यों को जान लेना जरूरी है।

इससे आपको निबंध-लेखन में आसानी होगी।

इसके 6 चरण हैं।

पहले तीन चरण सैद्धांतिक हैं, जो विषय की तैयारी को उसी तरह इंगित करते है; जिस तरह कोई रैसिपी तैयार करने के पूर्व तैयारी करनी पड़ती है।

बाद के तीन चरण प्रायोगिक हैं, जो लेखकीय क्षमता को वैसे ही दर्शाते हैं, जैसे कोई लजीज और मनभावन रैसिपी बनाने के लिए प्रयोगों को अंजाम दिया जाता है।

1. भावार्थ की पकड़

2. मुख्य बिंदु की तलाश

3. स्वरूप का निर्धारण

4. प्रस्तावना

5. मुख्य तथ्य
6. उपसंहार

भावार्थ की पकड़

(क) निबंध में पूछे गए विषय के भावार्थ को सर्वप्रथम पकड़ना जरूरी है।

यह पकड़ उस समझ से आएगी, जिसमें निबंध में दिए गए शब्दों के अर्थ को गहराई से समझा जाएगा।

जैसे 'क्या' से किया गया प्रश्नात्मक निबंध को लीजिए।

'क्या' से निर्मित निबंध में पहले यह समझना होगा कि इसका पक्ष-विपक्ष क्या हो सकता है?

यूपीएससी परीक्षा-2014 में जो 8 निबंध पूछे गए हैं, उनमें-से आधे यानी 4 तो 'क्या' से प्रश्न वाले है।

इसी से अंदाजा लगाया जा सकता है कि सिविल सेवा परीक्षा में प्रश्नात्मक निबंधों की कितनी अहमियत है और विषय को समझना और लेखकीय अभ्यास करना कितना आवश्यक?

इसी तरह 'और', 'एवं', 'साथ-साथ', 'सिर्फ', 'केवल', 'ही', 'भी', 'मात्र', 'तक', 'सा', 'या', 'अथवा', 'यही', 'वही', 'कारण', 'निवारण', 'सकता/सकती', 'संदर्भ में', 'चाहिए' आदि-इत्यादि गूढ़ शब्दों की महत्ता को भी समझने की जरूरत होती है।

(ख) निबंध के भाव को पकड़ना इसलिए भी जरूरी है; क्योंकि यह हमें मुख्य विषय के केंद्रबिंदु तक ले जाता है और लिखने के लिए उत्प्रेरित करता है।

गर हम विषय के भावों को सही संदर्भ में नहीं समझ पाएंगे, तो कुछ-का-कुछ लिख आएंगे।

ऐसा करना आत्मधातक है। इसलिए यह जरूरी है कि परीक्षा हाल में निबंध का सही आशय पहले समझा जाए, फिर निबंध पर लेखनी चलाया जाए।

(ग) ज्यादातर अमूर्त विषय कालचक्र से परे होते हैं।

इसको देशकाल की सीमा से बाहर जाकर कलम चलाया जाना चाहिए। जैसे-यूनियन सिविल सेवा परीक्षा-2015 में पूछा गया निबंध है-

'फुर्तीला, किंतु संतुलित व्यक्ति ही दौड़ में विजयी होता है।'

अब, यह दौड़ खुद का भी हो सकता है, पड़ोसी का भी हो सकता है; धावक का भी हो सकता है। परिवार, समाज व देश का भी हो सकता है। दो प्रदेशों-देशों का तुलनात्मक आर्थिक, सामाजिक व राजनीतिक विश्लेषण भी हो सकता है।

फिर फुर्तीला भी वही व्यक्ति, समाज या देश-प्रदेश हो सकता है, जो सेहतमंद हो।

सेहतमंदी के उपाय जानता हो। कड़ी मेहनत करते हुए प्रकृति के साथ तादात्म्य बिठाकर जीता हो।

ऐसा कोई धनाढ्य व्यक्ति भी हो सकता है, जो धन-दौलत से स्वास्थ्यगत उपाय आजमाता हो।

इसमें दो पड़ोसी मुल्कों की तुलना भी संभव है, जो एक साथ आजाद हुए हों।

इसी तरह उन परिस्थितियों का विवेचन भी हो सकता है, जिसमें यह दर्शाया जा सकता है कि एक थुलथुल व्यक्ति किस तरह अपने असंतुलित सेहत से पराजय का मुंह देखा करता है।

ऐसे निबंधों को लिखने के लिए अपनी कल्पनाशक्ति को खुला छोड़ देना चाहिए कि वह कहां तक कल्पनाएं कर सकता है और लेखन-सामग्री जुटा सकता है।

मुख्य बिंदु की तलाश

जैसा कि पूर्व में कहा गया है 'निबंध' साहित्य की एक विद्या है।

इसमें भी अन्य विद्याओं की भांति कथावस्तु या मुख्य विषय होता है, जो समूचे निबंध का प्राणतत्व कहलाता है।

जिस तरह कथानक के इर्द-गिर्द कहानी रची जाती है; कथानक को

पुष्ट करने के लिए पात्रों का चरित्र-चित्रण किया जाता है, वर्णन और विवरण लिखा जाता है; उसी तरह निबंध के मुख्य विषय के आसपास निबंध लिखा जाता है।

यही उसका केंद्रीय भाव होता है। उसी से शीर्षक की रचना होती है। फिर अनुकूलतम सहशीर्षक व उपशीर्षक देकर निबंध की सज्जा की जाती है।

निबंध के मुख्य बिंदु की तलाश करने के लिए हमें कहीं और जाने की जरूरत नहीं है; अपितु निबंध के शीर्षक को ही दो-चार बार ध्यान से पढ़ने की आवश्यकता है।

यहीं से हमें निबंध का मुख्य तत्व प्राप्त होता है।

वैसे, वर्णनात्मक निबंध, व्याख्यात्मक निबंध व विचारात्मक निबंध में मुख्य बिंदु आसानी से मिल जाया करते है, जिसे अपने महाविद्यालयीन ज्ञान व सामान्य ज्ञान के दम पर सहजता से निबंध का रूप दिया जा सकता है।

निबंधों में केवल भावात्मक या अमूर्त निबंध ऐसे होते हैं, जिसमें मुख्य बिंदु तलाशने की जहमत उठानी पड़ सकती है।

जैसे-प्राकृतिक मौत पर लाश के चीरफाड़ की जरूरत नहीं पड़ती, मगर अप्राकृतिक मौत पर कानूनी नजरिए से इसकी सख्त जरूरत पड़ती है; वैसे ही वर्णनात्मक, विचारात्मक और व्याख्यात्मक निबंध में चीरफाड़ की आवश्यकता नहीं पड़ती, किंतु भावात्मक निबंधों में इसकी आवश्यकता महसूस की जाती है।

अमूर्त निबंध में इसकी आवश्यकता इसलिए पड़ती है; क्योंकि इनके विषयवस्तु को समझने के लिए निबंध लेखक को गहराई में उतरना पड़ता है, तभी वह निबंध के रूप में उपयोगी 'कथ्य' खोजकर बाहर ला सकता है।

(क) उदाहरणस्वरूप-''सहिष्णुता भारतीयता का प्राणतत्व है।''
इस निबंध का विषय आंशिक तौर पर मूर्त और आंशिक तौर पर अमूर्त है।

अब, इसके मुख्य तत्वों को रेखांकित कर समझा जाएगा।

इसमें तीन मुख्य तत्व हैं-

'सहिष्णुता', 'भारतीयता', और 'प्राणतत्व'।

सहिष्णुता यानी सहनशीलता या सहन करने की शक्ति है, जो भारतीयों की भारतीयता का मुख्य बिंदु है।

यही इस निबंध की आत्मा है। सांस और प्राण है।

इसी बिंदु को विस्तारित करते हुए इसे हमें भारतीयता के साथ तादात्म्य बिठाकर लिखना चाहिए।

इसमें अपने कथन को पुष्ठ करने के लिए महापुरुषों के वक्तव्य या कथन दिए जा सकते हैं।

अपने आसपास घटित कोई दृष्टांत दिया जा सकता है।

अपने मन में उथल-पुथल मचानेवाला कोई काल्पनिक व सटीक चित्र खींचा जा सकता है।

कोई दृश्य दिखाया जा सकता है। किसी कल्पित या घटित केस का वर्णन किया जा सकता है।

आशय यह कि 'सहिष्णुता, भारतीयता का प्राणतत्व' है, जैसे विषय को बहुतेरी विधि से प्रामाणित करते हुए चित्रांकन करना चाहिए।

यही इस प्रकार के निबंध की अंतर्वस्तु है।

(ख) चिंतन प्रक्रिया में यह भी संभव है कि किसी दिल दहलानेवाली घटना में आपके दिल-दिमाग में कोई असहिष्णुता की भावना उपजी हो, तो वह भी इसके पक्ष-विपक्ष के तौर पर रेखांकित किया जाना चाहिए।

यदि यह आपबीती हो, तो इसको लिखने में सोने पे सुहागा हो सकता है।

इस पर महापुरुषों या निकृष्ट पुरुषों का दृष्टांत भी विपरीतार्थकता के लिए दिया जा सकता है।

भाव यह कि इसे द्वंद्वात्मक शैली में क्रिया-प्रतिक्रिया को दर्शाते हुए लिखा जाना चाहिए, जो निबंध की उम्दा शिल्प मानी जाती है।

इस शैली में पहले पक्ष के तथ्य को दर्शाया जाता है, फिर 'जबकि' का प्रयोग करते हुए विपक्ष के तथ्य को लिखा जाता है।

इसके लिए चाहे, तो उत्तर पुस्तिका के आखिरी पन्ने को 'रफ' के रूप में प्रयोग किया जा सकता है।

उसको दो हिस्सों में बांट देना चाहिए।

पक्ष-विपक्ष के मुख्य विचार-बिंदुओं को पहले लिखना चाहिए।

फिर निबंध में इसे परिष्कृत करते हुए जोड़ देना चाहिए।

(ग) जिस तरह पत्रकारिता व कहानी-कला जैसे श्रमसीकर और जीवंत-विद्या में समाचारों और कथाओं को खोजने में 'छह ककारों' की महत्वपूर्ण भूमिका होती है, उसी तरह निबंध-लिखने में भी इन 'छह ककारों' की सहायता ली जानी चाहिए।

ये हैं-'क्या', 'क्यों', 'कब', 'कहां', 'कौन' और 'कैसे'।

निबंध लिखने में कठिनाई आ रही हो, तो आप भी इन 'छह ककारों' का प्रयोग करें।

विषय को लेकर प्रश्न करें। इन प्रश्नों से आपके मन में विषय को समझने के लिए बहुतेरे विचार सूझेंगे, जो निबंध को आगे बढ़ाएंगे।

मिसाल के तौर पर 'सहिष्णुता' पर सवाल करें।

यानी सहिष्णुता क्या है, क्यों है, इसका महत्व कब है?

यह कहां उपयुक्त हो सकता है?

इसके लिए कौन है जिम्मेदार? इसका उद्भव होता है कैसे? इत्यादिक।

यहां यह भी संभव है कि इन छह ककारों में-से केवल दो या तीन से काम चल जाए, तो पर भी अपना काम आसान हो गया समझना चाहिए।

(घ) जैसे किसी गहन-गंभीर समस्या के समाधान के लिए उसके राजनीतिक, सामाजिक, आर्थिक, सांस्कृतिक, भौगोलिक, वैज्ञानिक, ऐतिहासिक, मनोवैज्ञानिक, तकनीकी और प्रशासनिक पहलुओं का सम्यक अध्ययन किया जाता है और इन्हीं बिंदुओं के आधार पर कोई फैसला लिया जाता है; वैसे ही कठिन लगनेवाले विषय को समझने के

लिए उपर्युक्त बिंदुओं के आधार पर फैसला लेना चाहिए।
इससे विषय को समझने की समस्या दूर होती है।
मुख्य बिंदु आसानी से मिल जाया करता है।
उदाहरण के लिए 'भारतीयता' के राजनीतिक, ऐतिहासिक, सामाजिक, आर्थिक, सांस्कृतिक, भौगोलिक, वैज्ञानिक और प्रशासनिक पहलुओं पर मनन करना चाहिए।
इससे कई चैंकानेवाले तथ्य उभरेंगे, जो आपको निबंध लिखने के लिए उकसाएंगे, प्रेरित व परेशान करेंगे।

स्वरूप का निर्धारण

अभी तक आपने निबंध-लेखन के लिए सामग्री का संग्रहण किया।
अब, आपको उन विचार-बिंदुओं के स्वरूप का निर्धारण करना है, जो आपने खोजा है।
उसे निबंध में कहां सजाएंगे? कैसे व्यवस्थित करेंगे?
यानी संग्रहित सामग्री को आदि, मध्य या अंत में किस स्थान पर रखेंगे?
इसे ही स्वरूप का निर्धारण कहा जाता है।
इस बिंदु में आपको परीक्षा में दिए गए निर्धारित शब्दों की सीमारेखा का भी उल्लंधन नहीं करना है।
मान लीजिए कि आपको "सहिष्णुता भारतीयता का प्राणतत्व है।" विषय पर 1000 शब्दों में निबंध लिखने के लिए दिया गया हो, तो उसकी भूमिका करीब 100 शब्दों में आकर्षक रीति से बांधना चाहिए।
यह किसी महापुरुष की उक्ति या सूक्ति हो सकती है।
विषय के मुख्य बिंदुओं को लगभग 200 शब्दों में शब्दार्थ या भावार्थ में लिखना चाहिए।
तदुपरांत मुख्य बिंदुओं के पक्ष-विपक्ष में करीब 600-600 शब्दों में तर्क-वितर्क पेश करना चाहिए।
अंत में, उपसंहार के रूप में कोई प्रसिद्ध सूक्ति लगभग 100 शब्दों में

देकर निबंध को समाप्त कर देना चाहिए।

यह जरूरी नहीं कि निबंध की प्रस्तावना, आशय, पक्ष-विपक्ष में तर्क-वितर्क और निष्कर्ष उतना ही लिखा जाए, जितना यहां अनुपातिक विभाजन किया गया है।

इसमें कमीबेशी संभावित है। यह विषय के आंतरिक कलेवर को सजाने के दृष्टिगत है।

लेकिन, सकल शब्दों का सीमोल्लंधन नहीं किया जाए। इसका विशेष ध्यान रखा जाना चाहिए।

प्रस्तावना

अभी आपने निबंध-लेखन के सिद्धांत का अध्ययन किया।

अब, आपको व्यावहारिकता के धरातल पर उतरना है।

देखना और सोचना है कि इसका आरंभ किस तरह से हो।

इसे पत्रकारिता की भाषा में मुखड़ा कहा जाता है।

जिस तरह व्यक्तित्व का आइना, मुखड़ा या चेहरा होता है, जिसको देखकर ही जाना जा सकता है कि किसी के अंदर क्या है; उसी तरह किसी विद्या का आरंभ देख-पढ़कर ही जाना जाता है कि उसके भीतर क्या छिपा हुआ है?

इस नियम का पालन कहानी, उपन्यास, नाटक, व्यंग्य, लेख आदि सभी विद्याओं में किया जाता है।

तभी वह पठनीय और सराहनीय बन पड़ता है।

यहां तक कि फिल्म-निर्माण में भी इसी नियम का पालन किया जाता है।

कमजोर आरंभ, फिल्म या कहानी की असफलता का कारक बनता है, तो सशक्त आरंभ फिल्म या कहानी की सफलता का वाहक।

यदि यह नियम बाकी विद्याओं के लिए उपयुक्त है, तो निबंध में इसकी उपयोगिता को नजरअंदाज नहीं किया जाना चाहिए।

यानी पाठक या परीक्षक प्रस्तावना के चार-छह वाक्य पढ़कर ही जान लेता है कि निबंध कितना पठनीय है या कितने नंबर देने लायक है?
यही इसके दमदार आरंभ का मूल्य है।
इसी से इसकी महत्ता प्रतिपादित होती है।
सवाल यही कि इसकी भूमिका किस तरह से लिखी जाए कि पाठक और परीक्षक निबंध को पढ़ने के लिए आकर्षित हों।
एक बार पढ़ना आरंभ करने के बाद तब तक न छोड़ें, जब तक पूरा न पढ़े।
प्रस्तावना के बिंदु पर कई लेखकों या विद्यार्थियों को भ्रांति रहती है; इसलिए वे भ्रमवश इसमें निबंध का सार लिख देते हैं।
जबकि निबंध का निचोड़ या सार उपसंहार का विषय होता है।
यहां तो विषय-संबंधी वो अनोखी बातें लिखी जानी चाहिए, जो निबंध के कलेवर में कहीं नहीं है।
इसके लिए निम्नांकित तथ्यों की ओर ध्यान देना चाहिए।
1. तकनीकी रूप से प्रस्तावना का आकार निबंध के सकल आकार का लगभग 10 प्रतिशत होना चाहिए।
2. यानी आपका निबंध 1000 शब्दों का है, तो उसकी प्रस्तावना 100 शब्दों के आसपास होनी चाहिए।
3. जिस तरह छोटे शब्द और छोटे वाक्य उत्तम लेखन का गुण माना जाता है, उसी तरह प्रस्तावना के शब्द, वाक्य व अनुच्छेद छोटे होने चाहिए।
4. यानी भूमिका को एक ही अनुच्छेद में लिखने के बजाय छोटे-छोटे पैराग्राफों में लिखने से इसकी पठनीयता व ग्राहयता में वृद्धि होती है।
5. भूमिका निबंध के विषय को सुस्पष्ट करने के लिए लिखा जाता है; इसलिए यह निहायत जरूरी है कि भूमिका के दो-चार वाक्यों में ही निबंध के विषय को समाहित कर लिया जाए।
6. इससे जहां आप अनर्गल लिखने से बच जाएंगे, वहीं पाठक या परीक्षक सीधा विषय के केंद्रबिंदु तक पहुंच जाएगा, जो निबंध-लेखन

की विश्वसनीयता में श्रीवृद्धि करेगा।

7. ज्यादातर विद्यार्थी या लेखक निबंध का आरंभ विषय की परिभाषा से करते हैं, जो उचित मालूम नहीं पड़ता।

8. परिभाषा देना ही है, तो अर्थ के रूप में भूमिका के बाद अलग से शीर्षक देकर लिखा जा सकता है। इसमें भी विषय का आशय संक्षिप्त में लिखना चाहिए।

9. भूमिका को पहले उत्तरपुस्तिका के अंत में 'रफपृष्ठ' पर तैयार करना अच्छा माना जाता है।

10. इससे जहां मूल कापी में कांटछांट की गुंजाइश नहीं रहती, वहीं भूमिका को दोबारा लिखने के कारण भूमिका-लेखन अच्छी तरह से किया जाना संभव होता है।

11. भूमिका में एक ही बात, तथ्य या शब्द को बार-बार दोहराने से प्रयासपूर्वक बचना चाहिए।

12. इससे पाठक या परीक्षक के मन में आपके लेखकीय क्षमता के प्रति नकारात्मकता आती है। यहीं से अच्छे अंक मिलने की उम्मीद धूमिल हो जाया करती है।

13. प्रस्तावना में आंकड़ेबाजी से बचना चाहिए। यह प्रस्तावना को बोझिल करता है।

14. आंकड़े देना ही है, तो सरल शब्दों या कम-से-कम संख्या में प्रस्तावना के उपरांत देना चाहिए।

15. प्रस्तावना में किसी प्रसिद्ध व्यक्ति, महापुरुष की सूक्ति, कविता या कथन को ज्यों-का-त्यों नाम सहित उद्धृत करना श्रेयस्कर रहता है।

16. इससे आपके ज्ञानवर्धन की क्षमता का पता चलता है।

प्रस्तावना लेखन-विधि

प्रस्तावना लेखन की एक नहीं, अनेक विधियां हैं। यह परीक्षार्थी के ऊपर है कि वह किस विधि को अपने लिए सर्वाधिक उपयुक्त पाता है।

वैसे हर गंभीर परीक्षार्थी से उम्मीद की जाती है कि वह न्यूनतम तीन-चार रीति अपने जेहन में अभ्यास से बिठा ले।

फिर इसका अधिकतम उपयोग करे और प्रस्तुत विधियों में कुशलता प्राप्त कर ले।

यही बेहतर निबंध लिखने का कौशल है।

ये विधियां पाठक और परीक्षक का ध्यान अपनी ओर खींचते हैं।

1. किस्सागोई विधिःकिस्सागोई विधि न केवल निबंध-कला; अपितु कहानी-कला और लेख-कला का भी प्राण है। जरा गौर फरमाएं।

कई कहानी, लेख या निबंध वर्णन या विवरण से आरंभ होता है।

कई कहानी, लेख या निबंध घटना, दुर्घटना या दृश्य से आरंभ होता है।

लेकिन, इसमें वही कहानी, लेख या निबंध पाठकों या परीक्षकों को अपनी शैली में रमाने में सफल होती है, जिसमें दृश्य, घटना या दुर्घटना का समावेश रहा करता है।

दृश्य वह है, जो किसी घटना का इनवर्टेट कामा में हूबहू चित्रण किया जाता है।

विवरण वह है, जो लेखक अपनी ओर से लिखता चला जाता है।

अतः, दृश्य-निर्माण की विधि आपको भी अपनाना चाहिए।

सर्वाधिक सफल लेखकों और परीक्षार्थियों का भी यही अभिमत है कि लेखन में यह विधि एक औषधि की तरह कारगर होती है, जिसे 'रामबाण' कहा जा सकता है।

आप भी इसी विधि का प्रयोग करें।

फिर देखें कि क्योंकर अच्छे अंक नहीं मिलते हैं?

लेखन में दृश्य का निर्माण आपबीती या जगबीती हो सकती है।

यह आपबीती दृश्य या घटना है, तो अत्युत्तम मानी जाती है।

पास-पड़ोस या देशकाल की घटना है, तो पर भी लेखनशैली से जान फूंकी जा सकती है और निबंध को जोरदार बनाया जा सकता है।

2. पद्य/गद्य विधिःआपने देखा और महसूसा होगा कि प्राचीन और आधुनिक प्रसिद्ध कवियों, गीतकारों, विचारकों, लेखकों की रचनाओं

व विचारों को लोग अपने कथन पर जोर देने या सिद्ध करने के लिए प्रयुक्त करते हैं।

इससे कथन में वजन आ जाया करता है। लेखक की विद्वता प्रमाणित होती है।

इनमें कबीर, रहीम, तुलसीदास, सूरदास, सुमित्रानंदन पंत, रामधारी सिंह दिनकर, जयशंकर प्रसाद, महादेवी वर्मा, हरिवंश राय बच्चन, मुंशी प्रेमचंद, शरत चंद्र, धर्मवीर भारती, हरिशंकर परसाई, महात्मा गांधी, मार्क्स, अटल बिहारी वाजपेयी, सुभाषचंद्र बोस, बीआर अंबेडकर, पंडित नेहरू, सरदार पटेल, अब्दुल कलाम, नीरज, आनंद बक्शी आदि प्रमुख हैं।

इनके अलावा और भी सैकड़ों कवि, लेखक, गीतकार, विचारक हैं, जिनकी कविता, कथा-कहानी, गीत और विचार देशकाल से परे जाकर न केवल लोगों के जेहन में रची बसी हैं, अपितु गाहे-बगाहे मुख से उच्चरित भी होती रहती हैं।

निबंध में आप भी इनकी अमर कृतियों व कथनों को भूमिका की जगह ले सकते हैं।

3. **तुलनात्मक विधिः** यह तथ्य जाना-पहचाना है कि तुलना करना सबको सुहाता है।

लोग अक्सर बातों-बातों में पहले या अभी, प्राचीन या आधुनिक, नया या पुराना, अंधेरा या उजाला और अच्छा या बुरा की तुलना करते रहते हैं।

ऐसा इसलिए किया जाता है कि विपरीतता के अहसास से हमारा जेहन संतुष्टि को प्राप्त करता है।

इस विधि से हम उन अहसासों को सामने रखते हैं, जो सबको प्रभावित व आकर्षित करती है।

वस्तुतः, विपरीत कथन से एक किस्म की मानसिक संतुष्टि मिलती है और आगे की तैयारी आसान बनाती है।

4. **प्रत्यक्ष विधिः**करत-करत अभ्यास ते जड़मति होत सुजान; रसरी

आवत-जात के, सिल पर पड़त निशान।

आशय यह कि अभ्यास के बल पर मूर्ख भी बुद्धिमान, अज्ञानी भी ज्ञानी बन जाता है।

इतिहास गवाह है कि अभ्यास और परिश्रम के बलबूते असंभव दिखाई देनेवाला कार्य भी संभव हो जाता है।

यह लोकोक्ति भारतीय महिला बैडमिंटन खिलाड़ी पीवी सिंधु पर सटीक बैठती है।

"पीवी सिंधु को 2016 ओलंपिक फाइनल में शिकस्त मिली, 2017 विश्व चैंपियनशिप के फाइनल में पराजय। 2018 विश्व चैंपियनशिप के फाइनल में वह हार गई। 2018 कॉमनवेल्थ गेम्स के महिला सिंगल्स फाइनल में परास्त हुई और 2018 एशियन गेम्स के सिंगल्स फाइनल में असफल। बावजूद इसके, वह हिम्मत नहीं हारी। निरंतर अभ्यास जारी रखी। परिणामस्वरूप 25 अगस्त 2019 को स्विट्जरलैंड के बासेल में अद्वितीय प्रदर्शन करते हुए विश्व चैंपियनशिप का खिताब अपने नाम करने में कामयाब हो गई।"

खेल और खेलो इंडिया, विज्ञान, अंतरिक्ष विज्ञान, तकनीकी, शिल्प, कलाकारी, अदाकारी, सृजनशीलता, उद्यमशीलता, योग, स्वास्थ्य, फिट इंडिया, स्वच्छता अभियान आदि पर लिखे गए निबंध का यह बेजोड़ उदाहरण है।

ऐसी विधि पाठक और परीक्षक को बांधे रखकर आगे पढ़ने के लिए लालायित करती है।

इस विधि का प्रयोग कर वर्णनात्मक और विचारप्रधान निबंधों में जान डाला जा सकता है।

आप भी इसी तरह की प्रत्यक्ष विधियों का सहारा लेकर अपने निबंध के आरंभ को जानदार बनाइए।

इसी तरह संस्कृत का श्लोक है-'गुरुर्ब्रह्म, गुरुर्विष्णु; गुरुर्देवो महेश्वरः।
गुरुः साक्षात् परब्रह्मा, तस्मै श्री गुरुवे नमः।।

इसके साथ यदा-कदा संत कबीर की अमरवाणी भी जोड़ी जा सकती है,

"गुरु गोविंद दोऊ खड़े, काके लागू पाय, बलिहारी गुरु आपकी, गोविंद दियो बताए।'

कबीरवाणी कहती है-घर हमारी पहली पाठशाला है, जहां पालक हमारे गुरु होते हैं। दूसरी पाठशाला स्कूल हैं, जहां शिक्षक शिक्षा देते हैं और तीसरी पाठशाला कर्मभूमि है, जो कर्मक्षेत्र का पाठ सिखाता है।

शिक्षा-व्यवस्था, शिक्षक दिवस, कोचिंग सेंटरों, शिक्षानीति, किसी महान शिक्षक, कार्यशालाओं, व्यावसायिक और महाविद्यालयीन शिक्षा, प्रशिक्षण केंद्रों और आवासीय विद्यालयों पर जब निबंध लिखने की आवश्यकता हो, तो इस सूक्ति या इसी तरह की अन्य सूक्तियों का प्रयोग कर अपने कथन को दमदार बनाया जा सकता है।

5. **अनुभवजन्य विधिः**लेखक की आपबीती, जो खुद लेखक को उद्वेलित करती हो, वह दूसरे को भी आंदोलित कर सकती है। बशर्ते कि यह अतिशयोक्तिपूर्ण या आत्ममुग्धतापूर्ण न हो।

ऐसी किसी मारक घटना-दुघर्टना, स्थिति, परिस्थिति से आप गुजरे हों, तो वह निबंध की भूमिका का प्रधान विषय हो सकता है।

इस पुस्तक के आरंभ में जिस 'अतिरिक्त सहायक विकास आयुक्त परीक्षा' का जिक्र किया गया है, वह आपबीती तथ्य है।

उक्त तथ्य पाठक को निबंध-लेखन की महत्ता से रूबरू करवाती है। अच्छे निबंध-लेखकों की सफलता को रेखांकित करती है।

पाठक, लेखक और परीक्षक को अनुभवजन्य विधि इसलिए पसंद आती है; क्योंकि उन्हें किसी पर घटी घटना का साक्षात् वर्णन पढ़ने को मिला करता है।

6. **आशय-लेखन विधिः** कई बार निबंध का विषय कठिन होता है। इसका आशय, अर्थ या परिभाषा, भूमिका में ही दे देने से परीक्षार्थी को निबंध लिखने में तथा परीक्षक को निबंध समझने में आसानी होती है।

हालांकि यह विधि निबंध के बजाय प्रबंध-लेखन में ज्यादा कारगर मानी जाती है, जो निबंध से 10 गुना बड़ी होती है, लेकिन किसी गूढ़ विषय के निबंध को इस विधि से आरंभ कर परीक्षक या पाठक का

ध्यान खींचा जा सकता है, तो इसे निबंध का अच्छा प्रारंभ माना जाना चाहिए।

7. **प्रश्न विधिः**देश, समाज, परिवार, परिवेश, पर्यावरण, जीव-जंतु और न जाने किन-किन विषयों पर एक पढ़े-लिखे व्यक्ति के जेहन में रोजाना ढेरों प्रश्न कौंधते रहते हैं।

इनमें कई प्रश्नों और जिज्ञासाओं का उत्तर उसे तत्क्षण मिल जाता है, तो कइयों का उत्तर तलाशने में सालों लग जाया करता है।

इसके बाद भी उसके जेहन में उठनेवाले प्रश्नों का सही और सटीक उत्तर मिल जाए, इसकी समयसीमा नहीं रहती?

इसी तरह निबंध के विषय भी हो सकते हैं।

यदि आपको लगता है कि कोई विषय सार्वकालिक है, तो आप भी इस पर प्रश्न उठाते हुए निबंध का आरंभ कर सकते हैं।

उदाहरण के लिए जनसंख्या की समस्या को लें, जो सभी समस्याओं की जननी है।

यह समस्या आजादी के समय भी थी, आज भी है और आगे भी रहनेवाली है।

यही विस्फोटक आबादी आज कम होती, तो गरीबी, बेरोजगारी, भुखमरी, खाद्य, भ्रष्टाचरण, कालाधन, कुपोषण, आतंकवाद, नक्सलवाद, महंगाई, सड़क दुर्घटना, पर्यावरण प्रदूषण, अपराध, हिंसा, शहरीकरण और जाने किस-किस समस्या से देश कब का मुक्त हो गया होता?

बढ़ती जनसंख्या से देश की सड़कें भीड़भाड़युक्त हो गई है।

सब रास्ते जाम मिलते हैं। बस स्टेंड, रेलवे स्टेशन, हवाई अड्डे, बाजार, चैक-चैराहे सब दूर लोग भरे मिलते हैं।

इसी से शिक्षा मंदिरों में प्रवेश की मारामारी मची रहती है।

अस्पतालों में डाक्टरों का टोटा रहा करता है।

मरीज अधिक होते जाने से बेड की कमी हो जाती है।

जितने हास्पिटल बनते हैं, उससे कहीं अधिक मरीज तैयार हो जाते हैं।

आशय यह कि प्रश्नात्मक विधि से आप उन शाश्वत समस्याओं पर प्रश्न उठा सकते हैं, जो सार्वकालिक है।

मुख्य तथ्य या मध्य

जैसा कि पहले भी कहा गया है, निबंध में तीन तथ्य ही मुख्य होते हैं। उसका आरंभ, मध्य और अंत।

इन्हीं तीन तथ्यों के आधार पर निबंध का पूरा ढांचा खड़ा किया जाता है।

आरंभ प्रस्तावना में निहित होता है, तो मध्य मुख्य तथ्य में और अंत उपसंहार में।

निबंध की तुलना किसी भवन से की जाए, तो उसका आरंभ भवन की नींव सहित पिल्लर या स्तंभ है।

मध्य उसका सुपरस्ट्रक्चर व छत की ढलाई है तथा अंत उसका फिनिशिंग है।

जिस तरह भवन-निर्माण में सब हिससों को बराबर महत्ता दी जाती है, उसी तरह निबंध लेखन में भी किसी अंग को कम महत्व नहीं दिया जा सकता।

गर भवन की बुनियाद को कांक्रीट और छड़ से मजबूती दी गई है; उसकी सुपर संरचना को तराईयुक्त ईंट, गारा, पर्याप्त राड और उचित मसाला देकर छत की ढलाई की गई, तो कोई कारण नहीं कि बिल्डिंग दमदार व टिकाऊ नहीं होगी।

यही सत्य निबंध लेखन में भी लागू होती है।

जैसे, भवन की सुपर संरचना और उसके छत की ढलाई समूचे भवन का 70-80 प्रतिशत कार्य हुआ करता है, उसी तरह निबंध का मध्य भाग निबंध का 70-80 फीसद हुआ करता है।

इस हिस्से में जरूरी है कि निबंध को विपरीतार्थक तर्कों से सज्जित किया जाए।

यदि आपको लगता है कि निबंध के पक्ष में तर्क प्रस्तुत कर उस विचार

को बल प्रदान करना उचित है, जो निबंध का प्रधान विषय है, तो उसी के पक्ष में अपने तर्क को सबल बनाइए।

इसमें विवेचन और विश्लेषण की धार देकर उसको सजाइए।

इसके विपरीत, लगता है कि विषय के विपक्ष में तर्क प्रस्तुत करना ज्यादा उचित है, तो विरोधी भाव के पक्ष में अपने तथ्यों को मजबूती के साथ प्रस्तुत कीजिए।

इसके अलावा, इस भाग में सारे तथ्य आंकड़ों सहित प्रस्तुत किए जाने चाहिए, जो विषय की मांग के अनुरूप जरूरी महसूसा जाता है।

इस भाग में उपशीर्षक देकर भी विषयों को छोटे-छोटे उपखंडों में लिखा जा सकता है, जिससे विवेचन प्रामाणिक लगता है और आकर्षित करता है।

उपशीर्षक देने का फायदा यह भी कि पाठक या परीक्षक एकबारगी विषय की महत्ता को महसूसने लगता है।

इससे निबंध की पसंदगी और नापसंदगी का निर्णय हो जाया करता है।

उत्तर पुस्तिका में उपशीर्षक लिखने का ढंग यह कि उसे जरा बड़े अक्षरों में लिखा जाता है।

उसके नीचे अंडर लाइन खींची जाती है।

आगे सेमीकोलन या डैश दिया जाता है, ताकि वह अलग दिखे और पाठक व परीक्षक का ध्यान खींचे।

उपसंहार तकनीक

जिस तरह भवन निर्माण में फिनिशिंग का महत्व है, उसी तरह निबंध में उपसंहार या निष्कर्ष का महत्व हुआ करता है।

भवन की सफाई व चिकनाईयुक्त कार्य को देखकर अनुमान लगाया जाता है कि उसके अंदर जो मटेरियल लगा होगा, वह गुणवत्तापूर्ण होगा।

निबंध का निष्कर्ष भी चमकीला होना चाहिए।

यह इतना चमकदार होना चाहिए कि निबंध का सारा सौंदर्य इस अंश

में झलकने लग जाए।

अंक प्रदायक इस उपसंहार को जितना हो सके, उतना सुसज्जित किया जाना चाहिए।

कई परीक्षार्थी यहां आते-आते पस्त हो जाते हैं या इसकी महत्ता को नजरअंदाज कर ढीला-ढाला उपसंहार लिख डालते हैं, जो कम अंकन का कारण बनता है।

आप ऐसा न करें; क्योंकि निबंध की प्रस्तावना जहां अध्ययन की प्रेरणा है, वहीं उपसंहार पूर्णता का अहसास।

उपसंहार पढ़ने के बाद परीक्षक या पाठक को नहीं लगना चाहिए कि इसमें वह खास बातें लिखी नहीं गई, जो निबंध का प्रधान विषय है। परीक्षक का यह खटका निबंध-लेखक की असफलता कही जाएगी।

यदि ये दोनों तथ्य अपनी जगह सही लिखे गए हैं, तो निबंध को अच्छे अंक मिलने की पूरी-पूरी संभावना हो जाया करती है।

फिर सकल निबंध का केवल 10-15 प्रतिशत हिस्सा ही तो उपसंहार में लिखा जाता है।

यह प्रस्तावना के आकार के लगभग बराबर होना चाहिए।

यदि इसको अनुच्छेद में बांटकर लिखने की आवश्यकता पड़े, तो वह भी किया जाना चाहिए।

परीक्षार्थी की कोशिश यह होनी चाहिए कि वह प्रस्तावना की भांति उपसंहार को पहले रफ में तैयार करें।

उसको काट-छांटकर ऐसा तराशे, जैसे एक सपाट पत्थर को उम्दा मूर्तिकार काटता-छांटता है और सुंदरढीला मूर्ति बनाकर प्रस्तुत कर देता है।

सवाल यह कि निबंध के उपसंहार में क्या लिखा जाए कि पाठक या परीक्षक इससे संतुष्ट हो जाएं और निबंध को पूर्ण समझे?

वस्तुतः, इसमें कोई मनमोहक या मनोरंजक दृष्टांत दिया जा सकता है, जो मौलिक और मार्मिक हो।

इसमें नया बिंब या नवाचार भी प्रस्तुत किया जा सकता है, जो

भावनात्मक प्रवाह उभारता हो।

कतिपय विद्यार्थी इसमें प्रस्तावना या मुख्य भाग का सार लिखते हैं, जो कतई प्रभावी नहीं होता।

ऐसे दोहरावों से प्रयासपूर्वक बचा जाना चाहिए।

जिस तरह प्रस्तावना को प्रभावी ढंग से लिखने की अनेक विधियां है, उसी तरह उपसंहार लेखन की भी अनेक तकनीकियां हैं।

1. **सकारात्मक अंतःआपको** आज के ज्वलंत विषय 'कश्मीरः समस्या और उसके समाधान' पर निबंध लिखने की आवश्यकता हो, तो आप कश्मीर समस्या का मूल कारण अनुच्छेद 370 व 35ए के संवैधानिक व तकनीकी पहलुओं की संक्षिप्त जानकारी देंगे।

फिर आतंकवादी हिंसा और कश्मीर पर ना'पाक' पड़ोसी की कुदृष्टि का हवाला देंगे।

इसके लिए सरकार द्वारा किए जा रहे विकासात्मक कार्य, रोजगार नीति, पर्यटन नीति, लघु व कुटीर उद्योग नीति आदि का उल्लेख करेंगे।

अंत में, केंद्र सरकार के ऐतिहासिक, निर्णयात्मक व क्रांतिकारी कदम का जिक्र करते हुए निबंध को समाप्त कर देंगे कि यह कैसे भारत की एकता व अखंडता को बनाए रखेगा?

जिस तरह भारतीय फिल्म, कहानी, उपन्यास, नाटक, एकांकी या सीरियल का 'सुखांत' भारतवासी को सुहाता है, उसी तरह निबंध का समाधान भी सकारात्मक रहने से मन को तसल्ली से भर देता है।

यह अंत 'जैसे को तैसा' या 'अंत भला, तो सब भला' की तरह है, जो भारतीय आशावादी मानसिकता से मेल खाता है।

इसका यह आशय नहीं कि अंत अतिशय 'सुखदायी' हो।

इसमें सुखकर भविष्य की कल्पना तो हो, किंतु बेजा उम्मीद न होकर यथार्थ के धरातल पर खरा उतरनेवाला हो।

2. **चेतावनीभरा अंत-** समस्या प्रधान निबंधों में संभावित खतरों से आगाह करता हुआ अंत प्रभावी माना जाता है।

कारण कि ऐसे निबंधों में जिन समस्याओं का कारण और उसका समाधान लिखा जाता है, उसके अंत को चेतावनी देते हुए समाप्त किया जाता है।

इसका आशय यह भी कि हमने समाधान प्रस्तुत कर दिया है। अब, सरकार के लोगों या समाजविदों का काम है कि उस दिशा में सोचें और उसका समाधान निकालें।

इसके बावजूद वे चेतते नहीं है या उनके कानों में जूं तक नहीं रेंगती है, तो दुष्परिणाम भुगतने के लिए तैयार रहें।

गरीबी, बेरोजगारी, आतंकवाद, नक्सलवाद, पर्यावरण प्रदूषण, आरक्षण, सांप्रदायिकता, प्लास्टिक का अंधाधुंध उपयोग, जल संरक्षण, दुष्कर्म, सांप्रदायिक दंगे, अग्निकांड, बालश्रम, शहरीकरण व उद्योगीकरण, घुसपैठियों की समस्या, ई-वाहन, जीएसटी, विमुद्रीकरण, महंगाई, मिलावटखोरी, छात्र आंदोलन, नागरिकता कानून इत्यादि ऐसी समस्याएं हैं, जिसका समाधान इसी रीति से प्रस्तुत किया जाना चाहिए।

इसमें यह ध्यान देना चाहिए कि प्रस्तुत निष्कर्ष निराशाजनक न हो। यानी चेतावनी तो दी जाए, पर उसमें केवल नकारात्मकता न हो कि वह भावातिरेक लगे और वास्तविकता से कोसों दूर दिखे।

चेतावनीभरे अंत से परीक्षक चैंकता है।

उसके मानसपटल को झटका लगता है।

वह सोचता है कि यह न किया गया, तो इसके दुष्परिणाम हानिकारक या घातक हो सकते हैं।

इसलिए वह आपसे सहमत होता हुआ अंक देने को विवश हो जाता है।

3. सुप्रसिद्ध सूक्ति वाला अंतःजैसे प्रस्तावना को सूक्ति, उक्ति, कविता, शेरो-शायरी या किसी महत्वपूर्ण व्यक्ति के कथन से आरंभ किया जाता है, वैसा ही उपसंहार इसी रीति से किया जा सकता है। ऐसा अंत प्रभावी होता है। सूक्ति, उक्ति, शेरो-शायरी, कविता आदि हिंदी भाषा का भी हो सकता है या अंग्रेजी, संस्कृत व स्थानीय भाषा-

बोली का भी।

हिंदी, संस्कृत या स्थानीय भाषा-बोली की सूक्ति को देवनागरी लिपि या उसी भाषा की लिपि में लिखा जाना चाहिए, तो अंग्रेजी को रोमन लिपि में।

इसमें यह ख्याल रखना चाहिए कि सूक्ति प्रसिद्ध हो। जानी-पहचानी हो।

अनजानी सूक्ति देकर परीक्षक या पाठक को उलझाने की कोशिश नहीं करनी चाहिए।

अनजाने सूक्तियों या कविताओं का असर परीक्षक पर उलटा पढ़ सकता है।

दूसरे, इसमें यह ध्यान रखना चाहिए कि वह सारगर्भित हो। विषय से पूरी तरह मेल खाता हो।

अंत को प्रभावी बनाने में मददगार साबित होता हो।

4. **सारांश वाला अंतःकई** निबंध जटिल प्रकृति के होते हैं। उसके विवेचन और विश्लेषण में काफ़ी मशक्कत करनी पड़ती है। फिर भी नहीं लगता कि निबंध सही बन पड़ा है। पहले तो ऐसे निबंध लिखने से बचना चाहिए।

फिर भी निबंध लिखने की विवशता हो, तो ऐसे भावप्रधान निबंधों में सारे निबंध का निचोड़ अंत में प्रस्तुत कर देना उचित रहता है। कारण कि निबंध को कहीं-न-कहीं तो समाप्त होना पड़ेगा। उसका निष्कर्ष भी देना जरूरी होगा।

तब सारवाला अंत देकर निबंध को यथासंभव समाप्त कर देना उचित होगा।

जैसे-'मनुष्य मूलतः स्वार्थी प्राणी है' और 'शब्द दोधारी तलवार से अधिक तीक्ष्ण होते हैं' तथा 'फुर्तीला, किंतु संतुलित व्यक्ति ही दौड़ में विजयी होता है'।

ऐसे निबंधों को इसी रीति से समापन किया जाना उचित प्रतीत होता है।

5. प्रस्तावना को पूर्ण करता हुआ अंतः यदि प्रस्तावना में किसी तथ्य या समस्या या कथन या शेरोशायरी या कविता या वाणी या सूक्ति या नियम या अधिनियम देकर आरंभ किया गया है, तो उसके शेषांश को निष्कर्ष में प्रस्तुत कर निबंध का अंत किया जा सकता है।

ऐसा अंत चमत्कारी होता है, जो परीक्षक या पाठक को चैंकाता है।

इससे यह भी आभास होता है कि निबंध एक सुवासित फूलों की माला की तरह गुंफित है।

जैसे करीने से गुंथा हुआ ताजा पुष्पगुच्छ सबको आकर्षित करता है, उसी तरह आद्योपांत एक-सा अंत सबको सुहाता है।

आप भी ऐसा अंत देकर परीक्षक या पाठक को प्रभावित कर सकते हैं।

बदले में अच्छा अंक का पुरस्कार या प्रशसा पा सकते हैं।

निबंध की भाषाशैली

निबंध लिखने की उपरिलिखित विवेचनपूर्ण तकनीक को पढ़ने के बाद यह निश्चय हो गया होगा कि आपके पास जानकारी और तथ्य हो, तो आप परीक्षा में दिए गए किसी विषय पर भी विश्वासपूर्वक कलम चला सकते हैं।

आसानी से निबंध की भूमिका बांध सकते हैं।

उसका चढ़ाव या उतार यानी मध्य भाग दे सकते हैं।

चुटीले व रोचक अंदाज में निबंध का अंत कर सकते हैं।

इसके बावजूद, कुछ महत्वपूर्ण मुद्दे ऐसे हैं, जिस पर आपका ध्यान आकृष्ट किया जाना आवश्यक है, ताकि आप अपने निबंध को सर्वोत्तम निबंध बनाने में कोई कोर कसर उठा न रखें।

1. अनुच्छेद संयोजनःनिबंध-लेखन में महत्वपूर्ण यह नहीं कि आप सारे-के-सारे विषय को एक ही अनुच्छेद में भर दें, बल्कि यह जरूरी है कि उसे भाव और विषय की महत्ता के अनुरूप अलग-अलग अनुच्छेद में बांट कर लिखें।

अनुच्छेद छोटे हों, तो विषय को समझने और भावप्रवण में आसानी

होती है।

एक अनुच्छेद से दूसरे अनुच्छेद में जाते समय पिछले अनुच्छेद के अंतिम वाक्य का समर्थन करता हुआ या विरोध प्रदर्शित करता हुआ पहला वाक्य लगाया जाना चाहिए।

इसके लिए प्रसंगानुसार 'विदित हो कि', 'ज्ञात हो कि', 'गौर करनेवाली बात यह कि', 'गौरतलब यह कि', 'मालूम हो कि', 'चैंकानेवाली बात यह कि', 'इसके विपरीत यह कि', 'इसके उलट यह कि', 'इसका आशय यह कि', 'इसका मतलब यह कि' इत्यादि वाक्यों का प्रयोग करना युक्तियुक्त हुआ करता है।

2. **सहज-सरल शैली**: छोटे शब्द और छोटे वाक्यों के प्रयोग से आपकी भाषा में सहजता और सरलता का गुण अपनेआप आ जाता है।

ऐसी शैली एक अच्छे निबंधकार का प्रधान गुण माना जाता है।

इसका आशय यह हरगिज नहीं कि आप बड़े वाक्यों का प्रयोग ही न करें।

जहां भावबोध के प्रकटीकरण में सहायक हो, बड़े वाक्यों का प्रयोग किया जा सकता है।

बड़े वाक्यो से बचने की सलाह इसलिए दी जाती है; क्योंकि मिश्र या संयुक्त वाक्य प्रायः बोझिल होते हैं।

इसमें वाक्य इतने बड़े हो जाते हैं कि उसका आदि-अंत समझ में नहीं आता।

उसमें ज्यादातर व्याकरणिक भूलें हो जाया करती हैं, जो परीक्षक के मन में विपरीत प्रभाव डालती हैं।

छोटे वाक्यों से धाराप्रवाह भाषाशैली का निर्माण संभव है।

इसी से भाषाशैली में रोचकता आती है, जो निबंध को पठन योग्य बनाती है।

3. **विराम-चिन्हों का यथासंभव प्रयोग**:विरामचिन्हों की महत्ता प्रदर्शित करने के लिए यह उक्ति प्रसिद्ध है:-

'रोको मत, जाने दो।' और दूसरा-'रोको, मत जाने दो।'

पहला वाक्य किसी व्यक्ति या पशु को जाने देने के लिए कह रहा है, जबकि दूसरा वाक्य इसके ठीक विपरीत किसी व्यक्ति या पशु को रोकने के लिए कह रहा है।

तात्पर्य यह कि एक अल्पविराम चिन्ह के जरा से हेरफेर से अर्थ पूर्णतया बदल गया है।

इसी तरह, अद्र्धविराम, पूर्णविराम, डैश, कोलन, सेमीकोलन का भी प्रयोग यथासंभव करना चाहिए।

इससे वाक्य चमक उठता है।

भावबोध में सरलता होती है।

भाषा में तरलता और प्रवाह आ जाता है, जो भाषाशैली की रोचकता का प्रधान गुण है।

4. शब्दों की शुद्धताःइन शब्दों पर गौर करें। 'चिता और चिंता', 'बहु और बहू', 'शव और शब' 'लगन और लग्न' आदि।

इसमें चिता का अर्थ है-श्मशान में जलाने की लकड़ी, जबकि चिंता का अर्थ है-फिक्र।

बहु मतलब-बहुत और बहू का मतलब-पुत्रवधू है।

वहीं शव का आशय-मृतक शरीर से है, तो शब का आशय-रात से है।

इसी तरह लगन का तात्पर्य चाव से है, वहीं लग्न का मतलब-शुभ मुहूर्त से है।

ऐसे ही उलझनकारी सैकड़ों शब्द हैं, जिनका सटीक अर्थ मालूम रहना चाहिए।

अन्यथा जरा-सी मात्रा त्रुटि अर्थ को व्यर्थ व अनर्थ कर सकती है।

5. वाक्यों की शुद्धताः वाक्यों की शुद्धता का भी ख्याल रखा जाना चाहिए।

हिंदी वाक्यों में पहले कर्ता, फिर कर्म और अंत में क्रिया आता है।

जाहिर है कि कर्ता का विस्तार कर्ता के पहले आएगा और कर्म का विस्तार कर्म के पहले।

ध्यातव्य यह भी कि कर्ता व कर्म को विस्तारित करनेवाले ज्यादातर

शब्द विशेषण होते हैं।

इसी तरह क्रिया का विस्तार, जो क्रियाविशेषण के रूप में है, वह क्रिया के पहले आएगा।

कर्ता और कर्म के बीच अनेक कारक चिन्हों के प्रयोग की आवश्यकता होती है।

इसमें पहले अधिकरण, अपादान, सम्प्रदान और करणकारक के चिन्ह क्रमश आते हैं।

विशेषण का प्रयोग वहीं होता है, जहां संज्ञा की विशेषता बताई जाती है।

यह संज्ञा के पहले भी आ सकता है और बाद में भी।

व्याकरण का सम्यक ज्ञान अभ्यास मांगता है।

इसका जितना अभ्यास होगा, उतनी भाषा शुद्ध होकर निखरेगी।

बेहतर है कि व्याकरण की किसी स्तरीय पुस्तक को ध्यानपूर्वक पढ़ते हुए और अभ्यास करते हुए अपनी भाषा को निखार लेना चाहिए।

6. कर्ता, कर्म और क्रिया का मेलःइनका मेल निम्नानुसार स्थिर किया जाता है।

1. कर्तृवाच्य वाक्य में कर्ता विभक्तिरहित हो, तो उसकी क्रिया के लिंग, वचन और पुरुष कर्ता के लिंग, वचन और पुरुष के अनुसार होते हैं।

2. इसके विपरीत कर्ता विभक्तिसहित अर्थात 'ने' विभक्ति से युक्त हो, तो उसकी क्रिया कर्म के लिंग, वचन और पुरुष के अनुसार होती है।

3. कर्ता और कर्म दोनों विभक्तिचिन्हों से युक्त हों, तो क्रिया सदा एकवचन, पुल्लिंग और अन्य पुरुष में होती है।

4. कर्ता 'को' प्रत्यय से युक्त हो और कर्म के स्थान पर कोई क्रियार्थक संज्ञा आए, तो क्रिया सदा पुल्लिंग, एकवचन और अन्य पुरुष में होगी।

5. वाक्य में एक ही लिंग, वचन और पुरुष के अनेक विभक्तिरहित कर्ता हों और अंतिम कर्ता के पहले 'और' संयोजक आ गया हो, तो इन कर्ताओं की क्रिया उसी लिंग के बहुवचन में होती है।

6. वाक्य में दो भिन्न लिंग के कर्ता हों और दोनों द्वंद्वसमास के अनुसार प्रयुक्त हों, तो उनकी क्रिया पुलिंग और बहुवचन में होती है।

7. वाक्य में दो भिन्न विभक्तिरहित एकवचन कर्ता हों और दोनों के मध्य 'और' संयोजक आए, तो उनकी क्रिया पुल्लिंग और बहुवचन में होती है।

टीपः-ये कुछेक महत्वपूर्ण 'मेल' हैं, जो उदाहरणस्वरूप दिए गए हैं। इसके अलावा अन्य 'मेल' भी हैं, जिनका अध्ययन किसी स्तरीय किताब से कर लेना चाहिए।

7. **मुहावरों और लोकोक्तियों का प्रयोगः**जैसा कि पता है निबंध साहित्यिक क्षेत्र की एक विद्या है।

जिस तरह साहित्य की अन्य विद्याओं में मुहावरों और कहावतों का यथायोग्य प्रयोग कर भाषाशैली में प्रवाह और रोचकता लाई जाती है, उसी तरह निबंध में भी इसका प्रयोग करने से उक्त गुण स्वमेव आ जाया करता है।

अतएव, मुहावरों व कहावतों का उचित प्रयोग कर अपने निबंध को पठनीय बनाने का प्रयास कीजिए।

मुहावरे और कहावतें अगर विषय को सबलता प्रदान कर रहे हों, तो इसका उचित प्रयोग करने में परहेज नहीं करना चाहिए।

8. **देशज और विदेशज शब्द प्रयोगः**परीक्षकों का अभिमत है कि निबंध में देशज शब्दों के बजाय तत्सम और तदभव शब्दों का ज्यादातर प्रयोग होना चाहिए।

अर्थात् निबंध में जिन शब्दों का झुकाव संस्कृत की तरफ ज्यादा रहता है, वे प्रभावोत्पादक होते हैं।

आशय यह भी कि निबंध में ऐसी हिंदी का प्रयोग करना चाहिए, जिनकी उत्पत्ति संस्कृत से हुई हो।

इसका आशय यह नहीं कि उर्दू और फारसी के लोक प्रचलित शब्दों से परहेज किया जाना चाहिए।

उर्दू व फारसी के कतिपय शब्द तो ऐसे हैं, जिनका हिंदी में कोई

समानार्थी नहीं है। जैसे-कफन, ताकि आदि।
इनके युक्तियुक्त प्रयोग से कोई किसी को कैसे रोक सकता है?
लेकिन, जहां संस्कृतनिष्ठ हिंदी के शब्द चलन में हों, वहां उनका ही प्रयोग किया जाना उचित है।
इसी तरह विदेशज शब्दों में उन्हीं अंग्रेजी शब्दों का प्रयोग करना चाहिए, जो हिंदी के साथ पूरी तरह रचबस गए हैं।
जैसे-रेल, बस, स्टेशन, रोड, ट्रक, ट्रेक्टर, जीप, कार, डाक्टर, मोटरसाइकिल, साइकिल, मोपेड, हैंडपंप, चैक, कलेक्टर, ड्राइवर, कंडेक्टर आदि।

उत्तर-पुस्तिका में लेखन

जिस तरह हाकी के मैच में जीत और हार के लिए सिर्फ 70 मिनट, वनडे क्रिकेट में 50-50 ओवर, बैडमिंटन और कबड्डी कोर्ट में दो पाली निर्धारित रहता है; उसी तरह निबंध लेखन के लिए 2 से 3 घंटे का समय तय रहा करता है।
जैसे कोई टीम या खिलाड़ी निर्धारित समय में अपना बेहतर प्रदर्शन कर मैच जीत सकता है; उसी तरह निबंध-लेखन के लिए तय वक्त में अच्छा निबंध लिखकर सफलता पाई जा सकती है।
यूपीएससी और पीएससी परीक्षाओं में तो 3 घंटे में दो निबंध लिखना पड़ता है।
यह समय केवल व केवल परीक्षार्थी का रहा करता है। उनसे यह समय कोई नहीं छिन सकता।
वस्तुतः, यह निर्धारित समय परीक्षा-व्यवस्था का उपहार है, जिसका भरपूर लाभ परीक्षार्थी को उठाना चाहिए।
इसका सृजनात्मक उपयोग कर बेहतरीन निबंध लिखा जाना चाहिए।
इसी निर्धारित समय की महत्ता को देखते हुए समय के एक-एक बिंदु को गंभीरतापूर्वक उपयोग करना चाहिए।
इसके लिए निम्न बिंदु पर ध्यान दिया जा सकता है।

1. **विषय का निर्धारणः**जब आप परीक्षाकक्ष में पहुंच जाते हैं, तब आपको उत्तरपुस्तिका के तुरंत पश्चात प्रश्नपत्र दिया जाता है। प्रश्नपत्र देखते ही आपको गंभीरता से विचार कर तय कर लेना चाहिए कि किस विषय पर अच्छा निबंध लिखने की क्षमता व दक्षता मुझमें है।

इसी दरमियान यह भी गौर से देखना चाहिए कि कौन से विषय सामान्य हैं और कौन-से असामान्य।

जाहिरा तौर पर सामान्य मसलों पर हर कोई निबंध लिखेगा।

परीक्षक एक ही मसले पर निबंध पढ़-पढ़कर ऊब जाएगा और एक औसत अंक निर्धारित कर उसे ही सबको देना आरंभ कर देगा।

यदि उस सामान्य मुद्दे पर अच्छे-से-अच्छा निबंध लिखकर आप आए भी हैं, तो परीक्षक उससे प्रभावित होगा, इसकी संभावना कम ही हुआ करती है।

अच्छा अंक पाने के लिए आप सरल मसले को छोड़कर कठिन मसले पर निबंध लिखिए।

अमूर्त या दुरूह मसले पर गर आपकी जानकारी थोड़ी कम है, तो पर भी मसले की नवीनता और मसला चयन की गंभीरता से परीक्षक आपसे प्रभावित हुए बिना नहीं रहेगा।

इससे आपको आसान मसले से ज्यादा अंक मिलने की पूरी-पूरी संभावना बन जाएगी।

2. **समय का निर्धारणः**जैसे खेल में समय का महत्व है, उसी तरह निबंध-लेखन में भी समय का महत्व है।

अपने पास जो 3 घंटे यानी 180 मिनट का समय है, उसमें ही दोनों या चारों निबंधों के लिए सोचना-विचारना है।

निबंध के लिए उपशीर्षक तय करना है।

मुख्य बिंदुओं पर 'रफ कार्य' भी करना है।

इसके बाद निबंध लिखने में जुटना भी है।

मेरे विचार से दो निबंध के लिए सोचने-विचारने में ज्यादा समय न

लेते हुए केवल 10-10 मिनट का समय लेना चाहिए।

इसके बाद पहले लिखनेवाले निबंध का उपशीर्षक 10 मिनट में और मुख्य बिंदुओं का 'रफ कार्य' 20 मिनट में कर लेना चाहिए।

तदुपरांत 40 मिनट में निबंध को शुद्ध पन्ने में लिखकर 10 मिनट में रिवीजन करना चाहिए।

यही क्रम द्वितीय निबंध के लिए भी दोहराया जा सकता है।

वैसे, यह कोई बंधा-बंधाया समय नहीं है। यह मात्र आदर्श समय-प्रबंधन है।

इसमें परिवर्तन संभावित है। इसे विद्यार्थी अपनी मनःस्थिति के अनुसार कम-ज्यादा कर सकते हैं।

3. **लिखावट पर ध्यान**:यह निहायत जरूरी है कि आप जो लिख रहे हैं, वह परीक्षक की समझ में आए।

ऐसा न हो कि आपकी लिखावट 'आप लिखे और खुदा बांछे' हो।

अगर आपके हस्तलेख को पढ़ने में परीक्षक को माथापच्ची करनी पढ़ती हो, तो निश्चित जानिए कि आपको कम अंक मिलने का अंदेशा हैं।

यह महत्वपूर्ण है कि आप अपनी हस्तलिपि को थोड़े बड़े, सुंदर व गोलमटोल अक्षरों में लिखें।

इसके लिए आप चाहें तो नर्सरी व केजी के बच्चों से सीख सकते हैं।

वे पहले अक्षरलिपि की कापी में अभ्यास करते हैं, फिर शब्द बनाते हैं।

इससे उनकी लिपि सुपाठ्य और सुंदर बन पड़ती है।

यह थोड़े दिनों का रोचक अभ्यास हुआ करता है।

इससे आपकी लिखावट में चार चांद लग सकते हैं, जो आपको अच्छे अंक दिलाने में सहयोगी बन सकते हैं।

4. **सबसे पहले; सबसे ऊपर**:जिस तरह तमाम जीव-जंतुओं; यहां तक कि मनुष्य का भी सिर सबसे पहले, सबसे ऊपर रहता है, उसी तरह निबंध का 'शीर्ष'क सबसे पहले, सबसे ऊपर लिखा जाना चाहिए।

'शीर्ष'क का अर्थ ही है, सबसे शीर्ष अर्थात सबसे पहले, सबसे ऊपर;

शिखर पर रहनेवाला।

इसके विपरीत कई परीक्षार्थी, विद्यार्थी या प्रत्याशी बगैर शीर्षक लिखे सीधे निबंध लिखना आरंभ कर देते हैं।

यह तरीका एकाकी निबंध के लिए तो सही हो सकता है।

लेकिन, जहां कई निबंध दिए गए हों, वहां उस निबंध का शीर्षक जरूर लिखना चाहिए, जो आप लिख रहे हैं।

इससे परीक्षक को बगैर माथाफोड़ी के निबंध जांचने में सुविधा होती है।

निष्कर्ष

निष्कर्ष यह कि अन्य विद्याओं की भांति निबंध-लेखन भी साधना और अभ्यास मांगता है।

चूंकि यह एक कला है; इसलिए अन्य कलाओं की भांति इसे भी सतत अभ्यास से साधना पड़ता है।

निबंध-लेखन का सही रीति से जितना अभ्यास किया जाता है; उतना ही उम्दा निबंध लिखा जा सकता है।

अंततः, अभ्यास को नजरअंदाज कतई मत कीजिए।

निबंध-लेखन में कामयाबी की यही कुंजी है, जिसके माध्यम से आप एक श्रेष्ठतम निबंध आसानी से लिख सकते हैं और तमाम परीक्षाओं में सफलता के परचम लहरा सकते हैं। --00--

समाप्त

लेखक का पताः

वीरेंद्र देवांगन

आनंद विहार कालोनी, फेस-1

ए-403,

बोरसी, दुर्ग (छग)

दुर्ग-491001

संपर्क-9340790657

क्रम-सूची